W0192617

Impressum:

Besuchen Sie uns im Internet:
www.herzsprung-verlag.de

Herausgegeben von CAT creativ - www.cat-creativ.at
Lektorat und Gestaltung

im Auftrag von

© 2023 – Herzsprung-Verlag
Mühlstraße 10 – 88085 Langenargen
info@herzsprung-verlag.de
Alle Rechte vorbehalten.
Erstauflage 2023

Das Werk einschließlich aller seiner Teile ist urheberrechtlich geschützt.

Coverbild: Walburga Wedig
Bild S. 73 Altstadt Alcúdia - M. Meier
alle anderen: privat

Gedruckt in Polen / Bookpress

ISBN: 978-3-99051-141-1- Taschenbuch
ISBN: 978-3-99051-142-8 - E-Book

MEIN LANGER WEG ZUM ...

GEDANKEN UND GEDICHTE VOM GLÜCK UND VOM GLÜCKLICHSEIN

HERAUSGEGEBEN VON
MARTINA MEIER

Herzsprung-Verlag

Inhalt

Inhalt

Buchtipp

ISBN 978-3-86196-887-0, M. Meier (Hrsg.), Taschenbuch, 100 S.

Wir wollen sie erzählen, die kleinen und großen Geschichten vom kleinen und großen Glück – für kleine und große Leute. Unsere Gedichte, Haikus, Märchen, Erzählungen drehen sich genau um das, was uns allen so wichtig ist ... glücklich zu sein.

Zuletzt kannst du es spüren,
das Glück kann nur dein Herz berühren,
wenn du dich frei machst von materiellen Dingen.
Jetzt kann dein Herz vor Leichtigkeit springen! (Katja Lippert)

Genügsamkeit

Hanna und ich sind auf einem Bauernhof aufgewachsen. In den ersten Jahren hatten wir viele Freiheiten. Wir tollten auf der Weide hinter der Scheune herum, fütterten Hühner und verwöhnten Kälber mit Leckerbissen. Ein anderer Lieblingsort war die Moorwiese, wo wir Störche, Frösche und Schmetterlinge beobachteten. Lotte zog den Heuwagen, Vater reichte Mutter mit der Holzgabel Heu hinauf und allmählich entstand ein schönes Fuder.

Im Winter war ich gern im warmen Stall bei den Kühen, ich fütterte und streichelte sie. Manchen Abend saßen Hanna und ich auf einem Haufen Heu hinter einer Kuh und warteten gespannt auf die Geburt des Kälbchens. Das Leben strömte dahin wie ein ruhiger Fluss. Alles war einfach, wenig Worte, aber viel Gefühl.

An Sonntagen spazierten wir zum Schloss, besuchten Ausstellungen und den Zoo, schauten uns Hünengräber und Moorpflüge an oder aßen Kuchen im Garten einer Tante.

Die Ausflüge fanden ein Ende, als unser geistig behinderter Bruder Paul geboren wurde. Vier Monate lang besuchten wir ihn jeden Sonntag im weit entfernten Krankenhaus.

Von klein auf halfen wir den Eltern. Mit zunehmendem Alter bekamen wir immer mehr Aufgaben. Im Winter sah mein Leben ungefähr so aus: Stall ausmisten, Schule, mich um Paul kümmern, Holz hacken, Kühe füttern. Hanna ging es ähnlich. Es war schwierig, auf Paul aufzupassen. Manche Nacht lag ich wach und fühlte mich mitschuldig, wenn ihm etwas Schlimmes passiert war. Einmal hatte er sich mit der Axt beinahe einen Finger abgehackt, ein anderes Mal war er von unserem Feld verschwunden. Wir sorgten uns sehr um ihn.

Mutter tröstete uns: „Paul wird immer selbstständiger." Sie strahlte Lebensfreude aus, war optimistisch und setzte sich dafür ein, dass ich das Gymnasium besuchen konnte.

Hanna und ich lernten schnell zu unterscheiden, was auf dem Hof wichtig und was nebensächlich war. An erster Stelle kamen die Tiere, danach die Feldarbeit, für Schularbeiten und Vergnügungen blieb wenig Zeit. Auf dem Weg zum Rübenfeld fuhren wir am Schwimmbad vorbei und sahen, wie andere Kinder die Erfrischung genossen. Wir dagegen hackten Rüben auf dem staubigen Feld, schwitzen und der Rücken schmerzte.

Die Eltern waren bodenständig und führten ein arbeitsreiches, aber ruhiges und auskömmliches Leben. Das änderte sich, als sie einen großen Traktor und Maschinen kauften. Wir mussten überall sparen, es blieb wenig Geld für Kleidung, Ausflüge und neue Schulbücher. Jahre später kaufte Vater Äcker und Wiesen hinzu. Das brachte mehr Getreide, Kartoffeln, Fleisch und Milch, aber auch erheblichen Aufwand und Mühe. Im Sommer arbeiteten wir von früh bis spät. Stundenlang standen wir gebückt im großen Garten, knieten auf der Erde und ernteten Gemüse. Dazu kam die Arbeit auf den Feldern und das Melken der vierzehn Kühe.

Nur wenige Rituale durchbrachen die bäuerliche Routine: Geburtstage, Kirmes und andere Ereignisse wie die Einkäufe in der Kreisstadt. Mutter achtete auf Qualität, vor allem bei Schuhen und Bettwäsche. Wir spürten, dass es den Eltern leidtat, uns Wünsche abzuschlagen, aber auch sie versagten sich vieles. Kleidung wurde geflickt, die Traktorplane mehrfach geklebt. Sie zahlten Kredite ab und taten alles, um die Existenz des Hofes zu sichern – und wir verstanden das.

Als Mutter schwer erkrankte, begann für uns eine schlimme Zeit. Manches Mal weinte ich, aber Vater blieb gefasst und tröstete mich auf seine gelassene und zuversichtliche Art. Er war gläubig und vertraute darauf, dass sie gesund wurde. Nach dem Wunder der Genesung verpachteten die Eltern einige Äcker. Als es hohe Abschlagsprämien gab, verkauften sie die Kühe – und auf einmal hatten wir viel freie Zeit. Paul war inzwischen herangewachsen, er war handwerklich geschickt und ich arbeitete gern mit ihm. Wir waren zufrieden, vielleicht auch glücklich, und die Eltern fanden zu ihrem ruhigen Leben zurück.

Nach dem Abitur begann ich, in Münster Mathematik und Physik zu studieren. Das Studium war abwechslungsreich und ich fand schnell Freunde. Die meisten Klausuren bestand ich, aber einige Gebiete interessierten mich nicht. Im Wohnheim gab es einen ständigen Wechsel und es ging zu wie in einem Taubenschlag. Um konzentriert lernen zu können, suchte ich mir ein ruhiges Zimmer in einer Wohngemeinschaft. Mit den beiden Mitbewohnerinnen verstand ich mich gut. Sie waren im Wohlstand aufgewachsen und wunderten sich über mein arbeitsreiches Leben auf dem Bauernhof. Anna hatte einige Tage auf der Alm ihres Großvaters verbracht. Es wäre idyllisch gewesen. Das Studium fiel beiden leicht. Begeistert erzählten sie von Vorlesungen und anregenden Diskussionen im Fach Germanistik, während ich mich mit dem drögen Mathestudium abmühte. Ich bedauerte, dass ich die falschen Studienfächer gewählt und damit eine einzigartige Chance verspielt hatte.

Ich schloss mich einer Freizeitgruppe mit Behinderten an, es waren außergewöhnliche, authentische und lebensfrohe Menschen. Dort lernte ich Josefine kennen und verliebte mich in sie. Sie arbeitete beim Finanzamt, die Routine langweilte sie, die Betreuung der Freizeitgruppe dagegen bereitete ihr große Freude.

Als ich einmal mit ihr am Aasee spazieren ging, sagte sie: „Ich möchte eine soziale Ausbildung machen, am liebsten in Freiburg. Ich war mal dort, es hat mir gefallen."

In den nächsten Wochen planten wir unseren gemeinsamen Aufbruch. Ihr Motto lautete: Frei muss man sein, um es zu werden. Damals verstand ich den Sinn nicht, ich fragte auch nicht nach. Erst viel später in Mexiko sollte ich dahinter kommen. Während meine Mitbewohnerinnen in den Semesterferien Urlaub auf Gomera machten, half ich den Eltern auf dem Hof. Danach jobbte ich einige Monate.

Im Oktober zogen Josefine und ich nach Freiburg, sie begann eine Ausbildung zur Familienpflegerin und ich studierte Politikwissenschaft. Nebenbei arbeitete ich in einem Institut für Entwicklungspolitik und freundete mich mit Chilenen an. Josefine war glücklich mit ihrer Ausbildung und blühte förmlich auf.

Nach zwei Jahren erhielt ich ein Stipendium für ein Projekt im Hochland von Chiapas, einer der ärmsten Regionen Mexikos. Viele Familien hatten geringe Maisernten und die Männer mussten auf weit entfernten Kaffeeplantagen Geld verdienen. Anfangs lähmten mich die allgegenwärtige Armut und Not der Indigenen. Besonders leid taten mir einige Kinder: Sie waren schlecht ernährt und ihre Blicke wirkten starr. *Sie werden um ihre Kindheit betrogen*, schrieb ich Josefine.

Im Team verbesserten wir den Maisanbau und gründeten einen Sozialfond für arme Familien. Die Gewerkschaft übernahm die Fahrtkosten der Bauern zu den Kaffeeplantagen. Ich erlebte eine unglaubliche Solidarität unter den Indigenen. Ihre Kultur, Riten und Religion waren mir fremd, ihre Tatkraft, Bescheidenheit und Zuversicht dagegen auf eine unerwartete Weise vertraut. So ähnlich hatte ich es bei den Eltern erlebt. Mit der Zeit lernte ich, weniger mit dem Kopf und mehr mit dem Herzen zu denken, und ich spürte, wie alles in mir zur Ruhe kam. Nirgends wollte ich lieber sein als in diesem Dorf am Ende der Welt. Der Abschied von den liebenswerten Menschen fiel mir sehr schwer.

Nach Studienende zahlte ich in monatlichen Raten das BAföG-Darlehen und einen Kredit zurück. Auch als ich ein gutes Einkommen hatte, blieb ich bescheiden und führte ein einfaches Leben. Ich empfand es als großes Glück, nach langer Suche gefunden zu haben, was mir wirklich wichtig war: Verbundenheit mit der Natur, verlässliche Freunde, Dankbarkeit und Genügsamkeit.

Heinrich Dörflinger *wurde 1956 im Emsland geboren und lebt in Lörrach. Die Mitarbeit auf dem elterlichen Bauernhof hat die Liebe zur Natur und den Tieren geprägt. In Münster und Freiburg studierte er Religionswissenschaft, Völkerkunde und Politikwissenschaft, was einen einjährigen Studienaufenthalt in Mexiko einschloss. Während der langjährigen Arbeit mit Behinderten mit dem Schwerpunkt Freizeitgestaltung und der Zeit in Mexiko lernte er einzigartige Menschen kennen. Für diese Erfahrungen ist er dankbar. Einige Publikationen in Anthologien.*

Glücksrezepte gibt es sicher
viele, doch jeder muss für sich selbst
herausfinden, was ihn glücklich macht.

Sieglinde Seiler

Beschwerlicher Weg zum Glück

Lebensglück: Eine unerreichbare Utopie? Ein nicht zu erlangendes Ideal? Nur ein Wunschtraum? Jedenfalls nichts Selbstverständliches! Doch die Sehnsucht eines jeden Menschen … nach Lebensglück zu streben! Der Herzenswunsch eines jeden Menschen, Lebensglück zu erlangen, glücklich zu werden – ein geglücktes Leben leben, führen zu dürfen! Ein glückliches Leben ist das Wunschbild nahezu eines jeden Menschen. Doch der Weg dorthin kann sehr lang und beschwerlich sein, bis man endlich sein Glück, die Erfüllung seines Lebens, findet – wenn überhaupt … Lebensglück ist nämlich etwas ganz Besonderes! Aber mit dem Glück ist das nun mal so eine Sache … Denn Lebensglück lässt sich nicht erzwingen. Es lässt sich nicht immer kaufen. Glück lässt sich generell selten greifen. Auch nicht immer begreifen. Es ist einfach da, wenn es da ist! Es ist natürlich sehr schön und angenehm, wenn es da ist … Aber es fehlt unter Umständen auch sehr, wenn es nicht da ist! Kein Glück im Leben haben zu dürfen, gar Pech zu haben, gar vom Pech verfolgt zu werden, ist nun mal überhaupt nichts Schönes …

Glück ist aber oft nur: ein ganz kurzer Glücksmoment, ein ganz kurzer Moment zum Genießen. Wie die Beobachtung einer Sternschnuppe. Husch! Da ist das Glück! Und husch … schon ist es wieder weg. Ruckzuck ist der innig gefühlte Glücksmoment schon wieder passé. Das Glück schon wieder weg. Zufällige Glücksmomente kommen im Leben immer wieder mal vor. Einfach so. Ganz unerwartet. Plötzlich einfach mal Glück haben. Und zum Beispiel die Liebe des Lebens, den Mann aller Träume, den richtigen Partner fürs Leben durch einen ungeplanten Zufall finden. Liebesglück wie auf dem Serviertablett!

Aber nicht immer kommt das Glück einfach so angeflogen … Manchmal muss man auch um es erbittert kämpfen! Denn es kann zur mühevollen Anstrengung werden, die große Liebe des Lebens beziehungsweise den auserwählten, so sehr gewünschten Partner fürs Leben, den Traummann, auch tatsächlich zu halten, ihn irgendwann zu heiraten und auf Dauer einen so weit glücklichen Lebensweg mit ihm gemeinsam zu bestreiten.

Liebesglück zu erlangen, kann also auch sehr mühevoll sein ... Solch ein Liebesglück ist dann ja auch schon Lebensglück! Aber auf dieses Glück kann man, wenn es denn klappt, noch eins oben drauf setzen: Familienglück. Familienglück ist dann das absolute Lebensglück! Den Traum aller Träume leben zu dürfen! Die Erfüllung des Lebens zu fühlen. Innere Zufriedenheit zu finden. Sich einfach glücklich zu fühlen.

Manchmal ist Glück daher auch: hart erarbeitetes, hart erkämpftes Lebensglück, das kommt, um zu bleiben! Aber wie beschwerlich der Weg zum Glück sein kann ... Wie viel Mut, Geduld und Ausdauer man braucht. Wie viele Hürden genommen und gemeistert werden müssen. Wie viel man zurückstecken können muss, bis man das langersehnte Glück endlich in den Händen halten kann ...

Da ist es endlich! Unser Glück, unser bleibendes Geschenk unserer Liebe. Unser kleines Wunder! Unser kleiner, gar doppelter Sonnenschein hat das Licht der Welt erblickt: unsere beiden kleinen, neugeborenen Menschenkindlein. Der neue Mittelpunkt unseres Lebens! Unser Lebensglück! Unser lang ersehntes Liebesglück, unser Kinderwunsch, unser Familienwunsch, unser Lebenswunsch ist endlich in Erfüllung gegangen. Wie ein kleines Wunder! Und dann gleich ein doppeltes Wunder zu unserer ganz großen Überraschung! Was für ein Babyglück! Total niedlich ... So süß ... Doppelt süß! Da kommt man aus dem Staunen gar nicht mehr heraus ... Welch ein Wunderwerk der Liebe! Was für ein Wunder des Lebens! Pures Lebensglück zum Anfassen! Welch süße Wonneproppen! Sie haben das bezauberndste Lächeln der Welt auf den Lippen, das für all die vielen Mühen, harten Rückschläge, bangen Stunden und große Pein entschädigt und all die kommenden Turbulenzen und Querelen, die das Leben mit ihnen noch mit sich bringen wird, schon mal vorab entschuldigt. Voller Spannung, voller Erwartung blicken wir nun in die Zukunft. Voller Vorfreude auf das Abenteuer Familie, auf ein hoffentlich großartiges und gut ausgehendes Abenteuer ... Das Abenteuer unseres Lebens?!

Jetzt endlich: Aufbruch in das seit Langem herbeigesehnte, kaum noch zu erwarten könnende Abenteuer Familie! Nun einfach kopfüber hineinstürzen ins Familienglück ... Unser lang gehegter Wunsch, der endlich in Erfüllung zu gehen scheint. Ein Familienwunsch, der endlich in die Gänge kommt... und das mit doppelter Wucht! Das lange Warten auf das lange ersehnte Glück hat jedenfalls endlich ein Ende genommen, ein Happy End!

Das lange Warten auf das lange ersehnte Glück hat endlich ein Ende, ein Happy End! Unser Liebesglück trägt nun Früchte. Unsere Liebe hat sich endlich vermehrt. Ein gesundes Kind im Arm halten, ein zweites gleich dazu! Sie schreien. Sie atmen. Sie leben! Sie sind gesund! Und munter! Unsere beiden kleinen, neugeborenen Menschenkindlein. Unser doppelter Sonnenschein. Die Vollendung unserer Liebe! Das Produkt unserer Liebe auf Lebenszeit! Wir sind unendlich dankbar für dieses wunderbare, wundervolle Geschenk Gottes! Elternglück, Vaterglück, Mutterglück. Und ein Muttertraum, der endlich wahr geworden, leibhaftig geworden ist. Ein lang gehegter Kinderwunsch, der sich endlich erfüllt hat – und dann sogar auf einmal doppelt! Welch ein großartiges Glück im Doppelpack: unsere eineiigen Zwillingsmädchen Lotte und Lotta, unser doppeltes Lottchen! Perfekt ist das Familienglück! Jetzt fehlt doch eigentlich nichts mehr zum Lebensglück … Außer vielleicht gerne noch weiterer Nachwuchs zum wohlbehüteten Aufwuchs. Familie wächst und ehrt!

Glück ist, endlich eine Familie zu haben! Endlich eine Familie zu sein! Gemeinsam miteinander durchs Leben wandeln … Ein Stückchen Lebensweg, gar ein ganz großes Stück Lebensweg gemeinsam miteinander gehen. Dabei eine im Großen und Ganzen schöne, angenehme und glückliche Zeit miteinander verbringen. Einfach miteinander zusammen sein … miteinander zusammenhalten! Füreinander sorgen, füreinander da sein! Und sich ganz doll lieb haben! Sich aus Liebe lieben, aus tiefstem Herzen heraus. Einfach unter uns sein! Einfach nur wir … Ungestört von äußeren Einflüssen. Unser privates Glück genießen. Familienzeit besonders genießen, solange die Kinder noch klein sind. Sich an ihren unschuldig dreinblickenden und vor Freude strahlenden Kinderaugen von Herzen erfreuen. Denn mit ihren liebevollen, sehr hübschen Engelsgesichtchen schauen sie uns nämlich immer wieder ganz unschuldig an, die zwei Bengelchen … Das Leben trotzdem als schön empfinden, auch wenn nicht immer alles glatt läuft … Einfach immerzu frohen Mutes bleiben!

Ein langer, beschwerlicher Weg zum Glück … Kein einfacher Weg zum Familienglück. Ein ziemlich holpriger, zäher Weg zum Lebensglück. Aber wir haben es geschafft! Jetzt haut uns auch sonst nichts mehr so leicht um. Alles andere wie auch alle Ängste, Sorgen und Nöte stehen wir gemeinsam auch noch durch. Unsere Liebe ist unser größter Halt, unser Zusammenhalt unser Garant! Unsere Liebe ins Unermessliche wächst und all die vielen anderen kleinen wie aber auch größeren Probleme nahezu nichtig erscheinen lässt, fast vergessen lässt ... Trotz allem, trotz aller Widrigkeiten und Problemen, mit unserem Leben zufrieden zu sein, ist schließlich die Kunst, auch glücklich werden zu können!

Das Leben ist nun mal sehr herausfordernd ... Sich nicht aufzugeben, immer wieder zu bestehen und dabei optimistisch nach vorne zu blicken, ist ein wichtiger Schritt zur positiven Lebensbewältigung. Ein Leben mit Zwillingen ist schließlich nicht einfach und schon gar nicht problemlos ... Und langweilig wird es natürlich auch niemals ... Es geht verständlicherweise oft ziemlich turbulent und chaotisch zu. Denn sie sind sehr lebhaft, halten uns ganz schön auf Trab und geben uns den Takt vor. Es ist mit ihnen nun mal sehr anstrengend und herausfordernd ...

Aber trotzdem sind wir glücklich mit ihnen! Weil wir sie lieben! Weil wir uns lieben! Weil wir uns alle lieben! Unsere Kinder sind einfach unser Glück! Sie sind natürlich Glückskinder, weil sie absolute Wunschkinder sind. Weil wir sie wollten und weil wir sie über alles lieben. Sie sind uns sehr ans Herz gewachsen. Schließlich sind sie unser Fleisch und Blut und somit für immer aufs Innigste mit uns verbunden. Wir möchten sie nicht missen. Und können uns kein Leben mehr ohne sie vorstellen. Auch wenn sie manchmal ein bisschen nervig sind ...

Sie haben zwar unser ganzes Leben ziemlich auf den Kopf gestellt. Aber sie sind die Erfüllung unserer Liebe, unser Lebensglück! Mit unseren Kindern auf Wolke Sieben schweben ... Mit ihnen ganz viel Tolles erleben. Und ganz viel Spaß miteinander haben. Unser Familienglück in vollen Zügen genießen ... Lebensfreude pur! Jubel, Trubel, Heiterkeit! Im Leben kann es doch nichts Schöneres als Familie geben. Familie ist das schönste und aufregendste Abenteuer des Lebens! Aber vielleicht auch das Herausforderndste ...

Aufkommenden Problemen und Widrigkeiten trotzen wir einfach: Wir stehen über allem drüber und halten zusammen. Irgendwie schaffen wir das alles schon! Geht schon ... Von Herzen gerne übernehmen wir Verantwortung füreinander. Wir halten ganz fest miteinander zusammen, stehen füreinander ein. Wir gehören einfach fest zusammen, ganz fest. Unsere Familienbande ist etwas ganz Besonderes, ganz Einzigartiges. Wir sind sehr stolz auf unsere Familienbande! Wir sind einfach wir! Auch wenn in unserem Leben nicht alles nach Plan verlaufen ist. Aber wir haben es trotzdem geschafft, glücklich zu werden! Es hat nur einige Zeit gedauert und einiges an Bemühungen gekostet. Gut Ding will nun mal Weile haben. Dauerhaftes Liebesglück, Familienglück und Lebensglück will schließlich erobert, erstritten und erkämpft werden. Dies ist zwar sehr herausfordernd, aber mit einem Happy End und nachhaltiger Freude am Leben. Es zu schaffen, sich trotz eines beschwerlichen Lebenswegs, eines turbulenten Alltags und vieler Probleme wohl, zufrieden und sogar glücklich zu fühlen, ist die Kunst eines gelingenden und erfolgreichen Lebens!

Es gibt doch nichts Schöneres, als sich in seinem Leben selbstverwirklichen zu dürfen! Unser Familienleben ist unsere Selbstverwirklichung. Es geht doch nichts über ein intaktes Familienleben. Gemeinsam miteinander aktiv den Alltag gestalten. Sich dabei an den kleinen und einfachen Dingen des Lebens von Herzen erfreuen, sie zu schätzen wissen. Wir sind sehr stolz auf unser Familienleben! Wir sind froh, dass alles so ist, wie es ist, und können es uns gar nicht mehr anders vorstellen. Unser Familienleben ist zwar sehr lebhaft, aber es macht unser Leben so richtig lebendig und lebenswert. Es erfüllt unser Leben nachhaltig mit Sinn und macht uns auf lange Sicht glücklich – zumindest, wenn alles soweit gut gehen und kein allzu schlimmes Unglück passieren wird. Hauptsache alle soweit gesund und munter! Weitgehend zufrieden und wenigstens annähernd glücklich! Zumindest innerlich zufrieden!

Aber egal, was auch an Dummheiten oder sonstigen unangenehmen Ereignissen im Alltag passiert: Immer cool bleiben, miteinander zusammenhalten und einfach mal lächeln! Mit einem etwas aufgelockerten Lebensstil lebt es sich nämlich angenehmer und entspannter und vor allem viel stressfreier, zumindest gefühlt stressfreier. Immer positiv zu denken, optimistisch gestimmt zu bleiben, hilft, sich wohlzufühlen und glücklich zu werden oder sich wenigstens innerlich zufrieden zu fühlen. Eine positive Grundstimmung ebnet so langfristig den Weg zu einem besseren bzw. besser gefühlten Leben. Ein lockerer, gelassener Lebensstil erleichtert die Lebensbewältigung ungemein!

Die Alltags- und Lebensbewältigung kommt einem so viel leichter und einfacher, zumindest gefühlt leichter und einfacher vor. Es lässt sich so viel erträglicher Leben. Und sogar Lebenskrisen lassen sich vielleicht wesentlich leichter bewältigen. Mithilfe dieses lockeren Lebensstils kann man sogar das Gefühl zur Zufriedenheit und zum Glücklichsein ebnen. Sich einfach erfreuen am Leben, auch wenn es manchmal turbulent und nicht so wünschenswert zugeht. Cool bleiben! Guter Dinge bleiben! Kopf hoch, nach vorne schauen! Eine kleine Prise Humor dazu nehmen, kann sicherlich auch nicht schaden. Etwas Humor lockert nämlich die Stimmung auf und macht so alles erträglicher. Es lebt sich leichter und freudiger. Lebensfreude einfach genießen! Es geht doch nichts über privates Lebensglück! Unser Familienglück ist für uns das allerschönste Glück auf Erden! Solange man sich in seiner Familie wohl und geborgen fühlt, ist doch schließlich alles in Ordnung … Familie ist jedenfalls das Allerbeste, was einem Menschen im Leben passieren kann! Einen Traum leben zu dürfen: ein Leben voller Liebe, voller Herzenswärme! Ein Leben erfüllt von Geborgenheit in der geschützten Familie. Sehr viel Wohlwollen erfahren dürfen. Die Erfüllung vieler Wünsche. Die Befriedigung vieler Sehnsüchte. Sich einfach wohlfühlen, sich pudelwohl fühlen dürfen. Sich rundum zufrieden fühlen. Sich selbst sein dürfen. Einfach glücklich sein. Ein wahrhaftiges Traumleben!

Von Glücksmoment zu Glücksmoment trotz vieler Turbulenzen … Familienzeit ist einfach die allerschönste Zeit des Lebens. Sie erfüllt uns immer wieder mit Freude. Familienglück ist ein wahrhaftiges Glücksgefühl! Das allerschönste Glück der Welt. Pures Lebensglück! Eine gesunde und richtig traumhafte Familie zu haben, ist richtiges Lebensglück zum Genießen! Hoch lebe unsere Liebe! Und unsere supertolle Familie!

Schließlich ist unser Familienglück ein hart umkämpftes, lang ersehntes, sehnsüchtig herbeigesehntes Lebensglück. Unser Glück ist es, uns gefunden zu haben und vor allem natürlich zueinandergefunden zu haben. Einfach miteinander zusammen zu sein. Uns von Herzen zu lieben. Und gut miteinander zu harmonieren.

Einfach zufrieden sein, gar glücklich sein zu dürfen mit unseren Leben, ist auch ein großes Geschenk Gottes, eine Gnade Gottes. Gleich einem Wunder! Wir wissen unser großartiges Lebensglück zu schätzen und sind sehr dankbar hierfür.

Lebenswünsche, die in Erfüllung gehen. Träume, die wahr werden. Ein Leben führen zu dürfen, das die eigenen Bedürfnisse befriedigt. Ein Leben leben zu dürfen, das uns ausfüllt und innerlich zufriedenstellt. Das alles zu erwirken, ist ein sehr hartes Stück Arbeit! Aber es ist wohl auch ein Geschenk Gottes! Lebensglück ist ein wahres Glücksgefühl!

Liebesglück, Familienglück, Lebensglück … Das klingt alles irgendwie so selbstverständlich, ist es allerdings überhaupt nicht. Denn solch ein Glück, ein Liebesglück, Familienglück, gar Lebensglück, ist nicht jedem vergönnt. Insbesondere nicht nachhaltiges Glück.

Das ist ein Glück mit absolutem Seltenheitswert! Drum ist es besonders zu schätzen und zu genießen!

__Juliane Barth,__ Jahrgang 1982, lebt im Südwesten Deutschlands. Sie schreibt als Hobby seit jeher sehr gerne, u. a. Gedichte, Kurzgeschichten und Sachtexte. Veröffentlichungen in diversen Anthologien: https://sacrydecs.hpage.com.

Gehe hinaus ...

... und sei glücklich!

Gehe hinaus,

drei Schritte
vor dein Haus,
vor dein Dorf,
deine Stadt
und in die
weite Welt!

Hänge dich ans Schirmchen
einer Pusteblume und
zähle die Grashalme!

Staune über die Augen
und Flügel einer Fliege,
anstatt sie zu erschlagen!

Springe auf dem Rücken eines
Frosches über den Graben
– oder ins Wasser!

Singe den Text zum
Flöten des Pirols
und tanze dazu!

Höre, was dir das Murmeln
der Quelle von unterirdischen
Schlössern erzählt!

Betrachte einen Felsen, bis du
in ihm ein Lächeln erkennst,
und lächle zurück!

Erkenne, auf einer Wiese liegend,
in den Wolken Figuren und
Bildergeschichten!

Reite auf einem Sonnenstrahl
durch den Frühlingstag
und grüße alle Blumen!

Schöpfe in einer Sommernacht
das Silber der sich im Teich
spiegelnden Sterne!

Segle auf einem bunten Blatt
durch das Herbstsonnengold
auf einen stillen Weiher!

Lausche an klaren Wintermorgen
dem Wachsen der Eiskristalle
und dem Klirren der Kälte!

Frage Vögel, woher sie kommen
und wohin sie ziehen;
ob sie dich mitnehmen!

Lass dir das Treibholz von seiner
Reise auf dem Fluss erzählen und
schwimme mit ihm bis zum Meer!

Freue dich über die
Kindereien eines Alten,
die voller Leichtigkeit!

Staune über die Weisheiten
eines Kindes,
die voller Tiefe!

Begehre zu wissen, was hinter
dem Horizont, dem Ozean,
dem All und allen Welten!

Sinne darüber,
wo der Anfang
und wo das Ende liegt,
und ob das Ende
nicht gleichzeitig
Anfang!

Gehe hinaus und
sei glücklich!

Und danke dem Meister
dieser Welten, das du
bist!

Oliver Meiser *wurde 1970 in Reutlingen geboren. Er studierte Geowissenschaften und Biologie an der Universität Tübingen, sowie als DAAD-Stipendiat in Rio de Janeiro. Der Diplom-Geograph und Studienreiseleiter für Europa und Südamerika schreibt seit seiner Schulzeit Lyrik und Prosa. Er veröffentlicht in Tageszeitungen und Anthologien. Für seine Texte erhielt er Preise und Auszeichnungen u. a. von Bertelsmann, dem FDA, der Buchmesse Migration, der Stiftung Euronatur und der Hanns-Seidel-Stiftung.*

Glücksmomente

Wie oft hast Du schon dem Glück
die Tür vor der Nase zugeschlagen,
als würde es Dich im Alltag stören
und Du dafür warst, es zu vertagen?

Hat es vielleicht zu leise angeklopft?
Hast Du es im Alltagsstress überhört,
vielleicht ganz bewusst ausgeblendet,
weil es Deine To-do-Liste hat gestört?

Es besucht Dich gerne überraschend,
bietet sich Dir in einer Rosenblüte an,
will Dir eine Oase im Alltag schenken,
durchkreuzt dabei auch Deinen Plan.

Es kommt spontan in einem Lächeln
und wartet sehr auf Deine Resonanz.
Lass' Dich in den Moment hineinfallen.
Beobachte Schmetterlinge beim Tanz.

Genieße das Spiel der kleinen Katze.
Schenke ihm Deine Aufmerksamkeit.
Dann wird Deine Seele Glück spüren
und beinahe zeitlos werden diese Zeit.

Und spürst Du der Entspannung Glück,
dann freust Du Dich über diesen Gast,
der Dich augenblicklich reicher macht,
weil Du Deine Herzenstür geöffnet hast.

Das kleine Glück begleitet Deinen Tag
und belebt auch die Träume der Nacht.
Es trat gern bei Dir mitten im Alltag ein
und hat Dein Leben glücklich gemacht.

Sieglinde Seiler *wurde 1950 in Wolframs-Eschenbach geboren. Sie ist Dipl.*
Verwaltungswirt (FH) und lebt mit ihrem Ehemann in Crailsheim. Seit ihrer
Jugend schreibt sie Gedichte. Später kamen Aphorismen, Märchen und Prosa-
texte hinzu. Ferner fotografiert sie gerne. Bislang hat sie bereits über 200 Ge-
dichte im Internet und diversen Anthologien veröffentlicht.

Glück

Gesundheit, Liebe, Gegenstände, Menschen oder Tiere all das sind Dinge, die einen glücklich machen können. Jeder wird anders auf die Frage antworten „Was macht dich glücklich?"

Das ist gut so und es gibt auch keine richtige oder falsche Antwort darauf. Für jeden ist die Definition von Glück anders. Auf Postkarten, Tassen oder Kalendern mögen Sprüche über Glück stehen, doch Glück ist in und passiert mit dem Herzen.

Würde man mich fragen: „Was macht dich glücklich?", könnte ich mich nicht entscheiden. Es macht mich vieles glücklich. Die Menschen und Tiere in meiner Umgebung, dass ich ein Dach in über meinem Kopf habe, dass Frieden in meiner Heimat herrscht, ich selbst sein darf, es meiner Familie einigermaßen gut geht und ich gute Laune haben darf.

Es gibt so vieles, was mir noch einfällt, aber je länger ich darüber nachdenke, desto mehr fällt mir auf, dass das alles mit Freiheit zu tun hat. Nicht einfach nur Freiheit zu leben, sondern dass all die Dinge mich glücklich machen und mir Freiheit schenken. Würde es die Menschen in meiner Umgebung nicht geben, wäre ich nicht so glücklich, würde jemand krank sein, würde es einschränken sowohl mich als auch die Person, die ich liebe. Dennoch gehört es zum Leben dazu.

Manche Menschen mögen mehr Glück haben als andere. Nicht unbedingt aufs Lottospielen oder das Leben bezogen, sondern eher darauf, was einen selbst glücklich macht. Manche Menschen mögen glücklicher sein als andere, das liegt aber nicht daran, dass sie nichts haben, was sie glücklich macht, sondern daran, dass sie ihr Glück nicht erkennen und denken, sie bräuchten noch mehr, um glücklicher zu sein.

Klar, es gibt Situationen im Leben, in denen man einfach nicht glücklich sein kann. Und das, was einen eigentlich glücklich macht, tut es nicht mehr. Das ist vollkommen normal und okay. Aber irgendwann wird auch wieder eine Zeit kommen, in der man glücklich sein wird. Jedoch sollte keiner die Hoffnung auf Glück verlieren.

Im Nachhinein kann man oft von Glück sprechen, das etwas passiert ist, aber oft kann man in der Situation nicht von Glück sprechen und merkt erst hinterher, dass hier das Glück wartete.

Manche Menschen sagen: „Du hast viel mehr Glück im Leben als ich." Doch jeder hat Glück, in fast jeder Situation gibt es Glück, man muss nur richtig schauen.

Was ich zum Schluss noch sagen möchte: Jeder hat Glück in jeder Sekunde und Minute des Lebens. Denn du hast das Glück zu leben! Auch wenn das Leben gerade nicht so toll verlaufen mag, es werden bessere Zeiten kommen. Und meistens hat jede Situation, die passiert, auch einen Grund, warum sie passiert.

Yuna Fray, *geboren 2007, liebt es, sich Geschichten auszudenken und zu lesen. Nach der Schule versinkt sie entweder in ihren eigenen Geschichten oder in einen der Abenteuer aus ihren vielen Büchern in ihrem Bücherregal. Ihre geliebten Haustiere sind aber immer mit dabei.*

Gedanken des Glücks

Es sind Gedanken des Glücks, die meinen Geist durchströmen und meine Seele zum Leuchten bringen. Der Morgentau liegt über den Feldern und das leise Erwachen der Natur vertreibt die Schatten der Nacht. Zu meiner Linken erstrahlt noch immer der Mond am Himmel und erzählt letzte Geschichten von der Dunkelheit. Zu meiner Rechten erhebt sich anmutig die Sonne aus ihrem Gemach, um dem Tag Leben einzuhauchen. Es ist ein Geschenk des Himmels, das mir zu so früher Stunde zuteilwird, und so genieße ich ...

Mein Herz schlägt ruhig und sanft schreite ich durch das Erwachen des Tages. Der Wert dieses Moments macht bewusst, was Reichtum bedeutet, und so empfange ich die Reinheit dieses jungen Tages als Geschenk. Die Basis allen Glücks ist nicht der Besitz, sondern die Offenheit für das höhere Sein.

Birgit Härter, 1964 in Boppard am Rhein geboren, schreibt seit mehreren Jahren Gedichte und Kurzgeschichten. Einige meiner Werke wurden bereits in diversen Anthologien veröffentlicht.

Schlüssel fürs Leben

Neulich fragte mich meine Freundin, wie man glücklich wird und was Glück überhaupt ist. Ich erzählte ihr Folgendes:

Wenn ich ein Buch aufschlage, erfüllt mich das immer mit großer Freude. Kein Wunder, denn die Wörter haben eine große Wirkung und hinterlassen für mich Spuren. Spuren, die sich in meinem Inneren festsetzen. Aus den Spuren mache ich mir kleine Schlüssel. Sie begleiten mich durchs Leben und weisen mir den Weg. Ein Buch ist also mehr als Zeitvertreib. Es ist ein wertvoller Schatz für ein ganzes Leben mit wertvoller Lehre. Einer Lehre für mein persönliches Glück.

Aber was ist Glück? Was macht mich glücklich? Was braucht man im Leben wirklich?

Es sind eher Eigenschaften als Dinge: Gelassenheit, Geduld, innere Ruhe, Selbstliebe und vor allem Humor.

Für jede Eigenschaft bastele ich mir wieder einen Schlüssel. Stehst du vor einer verschlossenen Tür im Leben, kannst du diese immer mit einem dieser Schlüssel öffnen. Für dein Glück musst du selber sorgen, nimm dir, so oft es geht, ein Buch zur Hand. Es wird dir dabei helfen, dein Glück zu finden.

Lisa Marie Kormann, Tänzerin und Autorin, hat bisher folgende Bücher geschrieben: „Mord in der Tanzschule", „Stella – Die Sternschildkröte", „Worldstories – Lesen, lieben, lachen". Außerdem hat sie bereits bei vielen Anthologien mitgewirkt. Sie ist Mitglied im Bundesverband junger Autoren und im Bookerflyclub. Wenn sie gerade nicht schreibt, steht sie auf dem Tanzparkett oder engagiert sich für den Meeres- und Tierschutz. Auch designt sie Postkarten und Lesezeichen für ihre Kollektion LiMaKo Design, die man auf Facebook finden kann. Weitere Infos unter: limakormann. wixsite.com.

Fortuna machte
einen ganz guten Job

Kennen Sie Zenon von Kition?

Geboren wurde er um 330 vor Christus als Sohn eines wohlhabenden Kaufmanns in Kition – der heutigen Hauptstadt Larnaka – auf Zypern. Erst war auch er als solcher tätig. In die Geschichte ging er aber als hellenistischer Philosoph und Begründer der Schule der Stoa ein.

Das Ende seiner Kaufmannstätigkeit hängt mit einem Megadesaster zusammen. Er kaufte mit seinem eigenem und geliehenem Geld Purpur-

stoffe. Beim Transport der edlen Ware erleidet er mit seiner wertvollen Fracht vor dem Hafen von Piräus Schiffbruch. Er verliert dadurch sein ganzes Vermögen. Er geht nach Athen, wo er dem Philosophen Krates von Theben begegnet und dessen Schüler wird. Um 300 vor Christus gründet er seine eigene Philosophenschule, die Stoa, benannt nach deren Standort. In Ermangelung eines geeigneten Treffpunkts trifft man sich an einem öffentlichen Ort. In der Säulenhalle – der Stoa – auf dem Marktplatz von Athen. Dort versuchen sie, eine wissenschaftliche Basis für ein tugendhaftes Leben zu finden. Zwanzig Jahre nach der desaströsen Havarie vor Piräus soll Zenon zufrieden Bilanz gezogen haben: „Das war doch eine glückliche Fahrt gewesen, als ich Schiffbruch erlitten habe."

Wie kann man eine solche Katastrophe so positiv bewerten? Mir erscheint es naheliegend. Wenn wir an Stoa, den Namen dieser Philosophenschule denken, klingelt es doch in unseren Ohren. Wenn sich jemand nicht aus dem Häuschen bringen lässt, bewundern wir dessen stoische Ruhe, mit dem er oder sie dieses oder jenes Ungemach überwindet.

Von Zenon sind kaum Texte überliefert. Epiktet (50 bis 138 nach Christus), einer seiner späteren Gesinnungsgenossen, beschrieb eine Grundlage dieser Geisteshaltung folgendermaßen:

Über alles, was von uns ausgeht, unser Handeln, Begehren und Meiden gebieten wir selbst und können dieses beeinflussen. Über alles, was nicht von uns ausgeht, worauf wir keinen Einfluss haben, gebieten wir nicht.

Ziel ist also, den Unterschied zwischen Eigen- und Fremdbestimmung auszuloten. Es geht darum, Dinge, welche wir nicht beeinflussen können, zu erkennen und zu diesen eine innere Distanz aufzubauen.

„Was schert mich das", soll die Haltung gegenüber diesen sein. Das bedeutet, sie können mir nichts anhaben und mir die Laune nicht verderben. Sinngemäß – und auch etwas verständlicher auf den Punkt gebracht – hat diesen Gedanken der US-Theologe und Philosoph Reinhold Niebuhr (1892-1971) in seinem Gelassenheitsgebet:

Gott, gib mir die Gelassenheit, Dinge hinzunehmen, die ich nicht ändern kann, den Mut, Dinge zu ändern, die ich ändern kann, und die Weisheit, das eine vom anderen zu unterscheiden.

Dazu ein banales Beispiel. Ich habe wieder einmal einen freien Tag und würde mit Familie oder Freunden gerne eine Radtour machen. Sich den Wind um die Nase wehen lassen, picknicken ..., aber, oh Schreck, wider Erwarten gießt es wie aus Kübeln. Wenn ich auch nicht gerade todunglücklich bin, wurmen tut es mich. Wieso jetzt auch nur? Dabei – radeln wir einfach ein anderes Mal los. Es gibt ja andere, welche über die Schauer froh sind. Zum Beispiel die Landwirte, deren Äcker der Klimawandel arg in Mitleidenschaft zieht.

Dem ultimativsten Unglück, welches viele glücklich macht, gedenken wir an Ostern. Einer – Jesus – stirbt, um die Menschen von ihren Sünden zu befreien. Man kann es drehen und wenden, wie man will. Als Fazit lässt sich sagen: Vor allem den eigenen Erfolg, das eigene Wohlergehen im Fokus zu haben, mag wohl dem Zeitgeist des 21. Jahrhunderts zu entsprechen. Definitiv ist es aber nicht Aufgabe der Göttin Fortuna, für dessen Gelingen besorgt zu sein.

Will man, um dem wahren Glück auf die Sprünge zu kommen, dessen – sagen wir – Charakter ergründen, gibt der von Johann Wolfgang von Goethe errichtete *Stein des guten Glücks* Anhaltspunkte. Die sogenannte, noch heute neben dem Gartenhaus Goethes platzierte Skulptur, besteht aus einem Würfel, auf dem eine Kugel steht. Während der Kubus Stabilität und Beständigkeit symbolisiert, erinnert die Kugel an das Ungewisse, Unbeständige. Wie mag die Kugel wohl rollen? Ein gutes Sinnbild für das Glück, wie Fortuna für dieses steht. Sie, die Göttin des Schicksals, der glücklichen und unglücklichen Fügungen und des Zufalls.

Versuche ich, in meinem Leben Spuren von Fortunas Wirken und Handeln zu entdecken, stelle ich – mit immerhin gut 70 Jahren – fest: Sie hat doch einen ganz guten Job gemacht. Wenn ich auch nicht zu einem Sven Glückspilz oder Dussel Duck geworden bin. Aber trotzdem, die eine oder andere Lebensklippe habe ich doch glücklich umschifft. Im Rückblick wissend, dass – wie schon Zenon sagte – auch ein Schiffbruch noch etwas Gutes an sich haben kann. Frei nach meiner Großmutter: „Nichts ist so übel, dass es nicht für etwas gut sein kann."

Wenn ich daran denke: Am ersten Tag meiner Ausbildung festzustellen, dass meine Berufswahl wohl ein Missgriff war, war eine triste Sache. Wie das kam, ist eine andere Geschichte. Aber wieso auch immer, einfach auszusteigen, lag nicht drin. Am Credo, wer A sagt, muss auch B sagen, zu zweifeln, wäre ein Sakrileg gewesen. Die Variante, wer A sagt, muss nicht

B sagen, wenn er erkannt hat, das A falsch war, kam mir erst später in den Sinn. Na, dann halt – Kopf runter und durch. Wenn auch mit Weh und Ach.

Da stellt sich im Rückblick die Frage nach dem Glück. Um auf das gesunkene Schiff von Zenon Bezug zu nehmen: Von derartigen Erkenntnissen wie Zenon sie nach dem Schiffbruch hatte, kann ich auch nach 50 Jahren noch nicht sprechen. Aber es gab Momente des Glücksempfindens. Zum Beispiel, als ich die Ausbildung nach drei Jahren als Jahrgangsbester abschloss. Mit der Note 5.4, bei der in der Schweiz üblichen Bestnote sechs. Und grundsätzlich kann ich von Glück reden, dass das ganze *Drama* ein Ende ohne ernsthafte Folgen nahm.

Aber wie soll es nun weitergehen? Ich heuerte bei der Schweizer Reederei an. Erst auf der Basilea, welche in Richtung Fernost fuhr, dann auf der Calanda, welche als Stückgutfrachter zwischen Europa und Westafrika hin und her pendelte. Das ist doch was, den Duft der weiten Welt genießen. Aber nach und nach … irgendwie ist das doch seltsam … wo man auch hinkommt … so richtig super bleibt es nirgends. Na klar … hier liegt der Hund begraben: Wo ich bin und hinkomme, läuft es primär nicht wegen diesem und jenem nicht rund, sondern weil ich mich *mitbringe*. Athene, die Göttin der Weisheit hat es mir ins Ohr geflüstert und, Fortuna sei Dank, habe ich es begriffen.

Ich muss mit mir selbst ins Klare kommen. Wenn das keine Erkenntnis ist. Nicht gerade eine tolle, aber eine hilfreiche. Sie bringt Erleichterung. Meinen Job übe ich deswegen nicht aus heller Begeisterung aus, aber mit einem guten Gefühl im Bauch. Und aus purer Notwendigkeit. Ehemann und Vater eines Kindes geworden, da hat man ja auch eine Verantwortung.

Hat Fortuna während meinen Lehr-, Wander- und Flegeljahren als Schutzengel dafür besorgt, Schlimmeres zu verhindern, scheint sie – ich war etwa dreißig Jahre alt – erstmals aktiv, die Weichen zu stellen. An einem Mittwochnachmittag begegnete ich, in einem Einkaufszentrum auf der Rolltreppe aufwärtsfahrend – ist das kein vielsagendes Omen? – überraschend einem Bekannten. Willy. Er war Theologe und ich hätte ihn überall erwartet, nur nicht hier. Er hatte sich mit seiner Familie erst vor kurzer Zeit hier niedergelassen und die Leitung eines Wohnheims für Männer mit Suchtproblemen übernommen. Und er hatte noch eine vakante Arbeitsstelle. Wie er sich ausdrückte, war der *Bürokrieg* nicht seine Stärke und wurde zu meiner Chance.

Ich bildete mich erst zum Heimleiter und später zum Krankenhausverwaltungsfachmann aus. Gut 20 Jahre war ich in der Folge in der Verwaltung sozialer Einrichtungen tätig. Da bahnte sich die nächste Zäsur an. Ehekrise! Um dieser Herr zu werden, suchte ich einen familienfreundlicheren, aber mir nicht mehr so toll zusagenden Job. Was zu einer doppelten Pleite führte. Zwei Jahre später war ich geschieden und die Motivation, diese Arbeit noch weiter auszuführen, dahin.

Was hat sich Fortuna da gedacht? Wer lässt sich mit über 50 Jahren beruflich noch auf Experimente ein? Da ist man doch darauf bedacht, den Status quo zu konsolidieren.

So kam der 3. Januar 2002. Seit Jahrzehnten saß ich nicht in meinem Büro, sondern geschieden und arbeitslos in meiner kleinen Wohnung. Da kam mir eine Stellenanzeige in die Hände. Eine neu in der Region tätige Tageszeitung suchte *Schreiberlinge*. Dazu muss ich etwas vorausschicken. Das Schreiben war seit Kindsbeinen meine – vorwiegend heimliche – Leidenschaft. Erst in der Schule die Aufsätze, später in Zeitungen Leserbriefe. Das führte so weit, dass ich eine Zeit lang gelegentlich für eine Lokalzeitung Beiträge schrieb.

An diese in einem Ordner abgelegten Texte erinnerte ich mich und behändigte sie, als mich der Chefredaktor dieser neuen Tageszeitung einige Tage später zu einem Gespräch einlud.

„Das ist ja ganz passabel", fand er nach deren Lektüre und schlug vor, gleich einen Versuch zu machen. Er behändigte einen Stapel Einladungen und Medienmitteilungen, durchforstete diese und sagte: „Da hätte ich was. Geht es heute Abend?"

„Klar", antwortete ich, „kein Problem." Schließlich muss man die *Feste feiern, wie sie fallen*.

„Na, dann alles Gute", sagte er zum Abschied. Um im gleichen Atemzug noch zu fragen: „Übrigens, können Sie auch gleich für ein Bild besorgt sein?"

Ich stutze kurz und sagte im Brustton der Überzeugung: „Das mache ich doch gerne."

Dass ich anschließend erst eine Kamera kaufen musste, beichtete ich ihm erst Jahre später. Außer Ferienschnappschüssen hatte ich bisher noch nie etwas auf Celluloid gebannt. Aber im Zeitalter der Digitalkameras sollte es doch möglich sein, diese fünf Köpfe, um welche es an diesem Abend ging, irgendwie vernünftig ins Bild zu rücken.

Und es klappte. Knapp 24 Stunden später lieferte ich einen Text und drei Bilder zur Auswahl ab und hatte einen neuen Job.

Heute kann ich Zenon und meiner Großmutter beipflichten. Und nebenbei bemerkt: Fortuna scheint auch Verständnis zu haben, wenn man den Mund einmal etwas voll nimmt. Man muss dann nur die Ärmel hochkrempeln und seinen Beitrag zum Gelingen leisten.

Hans Peter Flückiger: (Text und Bild), 1952 geboren, aus Solothurn (Schweiz). Erst Heimleiter/Spitalverwaltungsfachmann. Später freischaffender Journalist. Erste literarische Texte 2016. Diverse Publikationen in Anthologien und für Blogs. www.geschichten-gegen-lange-weile.com.

Mein kleines Glück

Mein kleines Glück
entspringt dem Augenblick.
Es zwinkert mir auffordernd zu:
Auf ein schönes Du und Du –
lässt mich in seinen Mantel schlüpfen
und mein Herz vor Freude hüpfen,
schenkt meiner Seele Seligkeit,
zuweilen ein Gefühl von Zeitlosigkeit.
Die Seele spannt ihre Flügel aus.
Wohlig das Gefühl im Seelenhaus!
Leider bleibt es nur für kurze Zeit,
ist zeitig schon zum Aufbruch bereit.

Sieglinde Seiler *wurde 1950 in Wolframs-Eschenbach geboren. Sie ist Dipl. Verwaltungswirt (FH) und lebt mit ihrem Ehemann in Crailsheim.*

Entscheidung am See

Jedes Mal, wenn ich das Foto betrachte, ergreift mich ein tiefes Gefühl von Glück. Das Mädchen ganz am rechten Rand bin tatsächlich ich. Mein Vater hat es vor langer Zeit gemacht, kurz nach unserer Ankunft im neuen, fremden Land. Ich weiß noch, wie er mich anherrschte, ich solle mich nicht so nah zu meinen Brüdern stellen. Meine Mutter sagte dazu kein Wort. Doch so war ich es gewohnt. Das sanfte Lächeln, die zuversichtliche Gelassenheit, mit der ich trotz der Demütigung in die Kamera blicke, erstaunen mich bis heute. Ich hatte als Siebenjährige doch gar nicht ahnen können, dass mein Weg ganz anders verlaufen würde, als von meinen Eltern geplant.

Inzwischen sind fast fünfzehn Jahre vergangen. Geblieben ist mir mein Zwillingsbruder Murad. Und mein Lächeln. Ich bin die Einzige, die auf diesem Bild lächelt. Es scheint mir heute, als hätte ich meine Chance gespürt. Schon bald ging ich in eine Mädchenklasse an derselben Grundschule wie meine drei Brüder. Auf dem Schulweg und in den Pausen mussten sie auf mich aufpassen. Im Unterricht hatten meine Eltern keine Kontrolle über mich. Ungestört freundete ich mich mit anderen Mädchen an, durfte sie jedoch nie zu Hause besuchen. Das schmerzte mich sehr, vor allem, weil ich dadurch von Geburtstagsfeiern ausgeschlossen war.

Umso mehr freute ich mich jeden Tag auf das Wiedersehen in der Schule. Und auf meine Lehrerin, die uns, so empfand ich es, das Tor zur Welt aufschloss. Von Anfang an lernte ich wissbegierig. Sie überließ mir in den Pausen Bücher aus ihrer Klassenbibliothek. Darin zu blättern, war für mich das pure Glück. Bald steckte ich so oft wie möglich meine Nase in den Lesestoff, der mir alles bedeutete.

Kam ich nach Hause, betrat ich eine andere Welt. Die Freiheit, wie die anderen Mädchen Abenteuergeschichten auszuleihen – für mich undenkbar. Daher las ich daheim meine Schulbücher, das konnte mir niemand verbieten. Manchmal überlegte ich mir für Geschichten aus dem Deutschbuch ein neues Ende. Meine lebhafte Fantasie trieb viele bunte Blüten, sie half mir durch mein beengtes Leben, aber auch in der Schule. Nach vier Jahren erhielten mein Bruder und ich die Empfehlung für das Gymnasium. Unsere Eltern wählten für mich eine Mädchenschule in der Nähe von Murads neuer Schule, sodass er mich täglich auf dem Schulweg begleiten konnte. Doch ihn liebte ich in meiner Familie schon damals am meisten, deshalb störte es mich nicht. Und es beruhigte meine Eltern, die nach wie vor wenig Vertrauen in mich hatten, mich aber glücklicherweise trotzdem diese Laufbahn einschlagen ließen. Meiner guten Noten wegen durfte ich nach zähem Ringen und Murads Fürsprache bis zum Abitur auf der Schule bleiben. Wohlweislich verschwieg ich ihnen, dass ich inzwischen ein großes Ziel vor Augen hatte – ein Biologiestudium. Mir war klar, dass sie mich früh verheiraten wollten und vermutlich schon heimlich Pläne schmiedeten. Mich nach meinem Abschluss noch jahrelang weiter durchzufüttern, passte nicht zu den Traditionen meiner Familie. Daher ließ ich mich kurz vor den Abschlussprüfungen beraten, wie ich ein Studium auch ohne die Unterstützung meiner Eltern bewältigen könnte. Es würde schwer werden, das machte man mir unmissverständlich klar. In meiner Verzweiflung beschloss ich, Murad in mein Vorhaben einzuweihen.

Eine Gelegenheit dazu bot sich auf dem Heimweg durch den Stadtpark. Dort zog ich ihn unter Tränen ins Vertrauen, erzählte von meinem Traum, schilderte meine Befürchtungen und bat ihn um Rat, wie ich den Zukunftsplänen meiner Eltern entkommen könne.

Eine ganze Weile ging er schweigend neben mir her. Das Gespräch, das dann folgte, werde ich nie vergessen.

„Heirate Achmed!", sagte er. In vollem Ernst.

Ich blieb stehen, als wäre ich plötzlich gegen eine Glaswand gelaufen.

Heiraten? Das war sein Vorschlag? Ich sah ihn an wie einen Außerirdischen. Doch er hielt meinem Blick stand. Offensichtlich hatte ich ihn völlig falsch eingeschätzt – er riet mir tatsächlich zu einer Hochzeit! Noch dazu mit Achmed, seinem Schulfreund, den ich kaum kannte und über den ich noch keine Sekunde nachgedacht hatte. Eine Ehe war das Letzte, was ich wollte!

Unfähig, etwas zu sagen, fürchtete ich, augenblicklich durchzudrehen. Mich überkam ein hemmungsloses Schluchzen, das mich so heftig schüttelte, dass ich mich kaum auf den Beinen halten konnte.

Murad führte mich behutsam zu einer Parkbank und wartete geduldig, bis ich mich wieder gefasst hatte. Dann erläuterte er mir ruhig und scheinbar unbeeindruckt von meiner Reaktion seine Überlegungen: Sein Freund Achmed, so sagte er, sei ein völlig anderer Mann als alle, die er kenne. Er sei freundlich und zeige sich tief beeindruckt von mir und meiner Art, unbeirrt meinen Weg zu gehen. Übrigens habe er auch vor, zu studieren. Doch das Wichtigste sei im Moment noch etwas anderes. Wenn er als mein Bruder seinen besten, überaus geschätzten Freund bei unseren Eltern als einen guten Bräutigam für mich ins Spiel brächte – was hätten sie dem entgegenzusetzen? Wer sollte mich dann noch daran hindern, mit Achmed zum Studieren in eine andere Stadt zu ziehen – und damit in die Freiheit? Ganz zum Schluss hob Murad noch einen besonderen Pluspunkt hervor: Achmeds Sanftmut. Sollte ich mich bei ihm am Ende nicht wohlfühlen, wäre er der Letzte, der mich nicht meiner Wege ziehen ließe.

Völlig ermattet versuchte ich, das Konstrukt, das mein Bruder mir gerade so eindringlich bis ins Detail durchdacht vorgetragen hatte, in meinem Kopf zu sortieren. Minutenlang saßen wir schweigend da. Bevor wir nach Hause aufbrachen, musste ich ihm versprechen, über seinen Vorschlag zumindest nachzudenken.

Einige Tage später bat Murad mich auf dem Nachhauseweg, doch einen Blick auf die Terrasse des Cafés zu werfen, das an dem kleinen See im Stadtpark liegt. Achmed warte dort auf ein wenig Mathe-Nachhilfe. Ich könne mich als Mathe-Checkerin gerne dazusetzen und helfen – oder in der Zwischenzeit eine Runde um den See spazieren. Von seinem Vorschlag ahne Achmed selbstverständlich nichts. Murads Angebot kam aus heiterem Himmel und überforderte mich. Ich entschied mich für den Spaziergang.

Allerdings hatte ich in den Nächten zuvor lange wach gelegen und über die Idee, Achmeds Frau zu werden, nachgedacht. Es berührte mich sehr, dass mein Bruder nach einem Ausweg für mich suchte, weil er wusste, dass ich mir in unserer Familie unmöglich selbst einen Mann wählen konnte. Während ich am Seeufer entlangschlenderte, begriff ich langsam, dass ich gerade die Möglichkeit in den Händen hielt, meinem Leben eine Wendung zum Besseren zu geben. Bisher hatte ich Achmed nur bei kurzen, flüchtigen Begegnungen im Vorbeigehen gesehen. Noch nie war ein Wort zwischen uns gefallen. Die Gelegenheit, das zu ändern, bot sich genau jetzt, das wurde mir nun bewusst. Was hatte ich zu verlieren?

Also kehrte ich um und setzte mich, freundlich grüßend, zu den beiden. Sie waren sichtlich überrascht und Achmed bekam rote Ohren. Murad half ihm aus der peinlichen Situation, indem er mich geistesgegenwärtig bat, mir doch bitte Aufgabe fünf einmal genauer anzusehen, da käme er auch nicht weiter. Nach wenigen Minuten waren wir in die Diskussion des Lösungsansatzes vertieft und fanden schließlich das Ergebnis.

„Jetzt steht hoffentlich auch bei mir einer guten Note nichts mehr im Wege", sagte Achmed, bevor wir gingen.

Murad schlug zusätzliche Treffen vor, um weitere Prüfungsaufgaben zu besprechen. Ich fing Achmeds fragenden Blick auf und nickte: „Ja, warum nicht?"

Langsam fasste ich Vertrauen zu diesem schüchternen jungen Mann, der in meiner Gegenwart zunehmend auftaute. Manchmal ließ mein Bruder uns kurz allein, um zu telefonieren. Ich begann, mich auf die Begegnungen mit ihm zu freuen. Als wir einige Wochen später unser Abitur in der Tasche hatten, brachen sie weg. Die plötzliche Leere, ich erinnere mich genau, empfand ich als überraschend schmerzhaft und musste mir selbst zuzugeben, dass ich Achmeds verschmitztes Lächeln, seine liebevolle Art und sein unaufdringliches Wesen vermisste. Hatte ich mich am Ende verliebt? Ich wusste es nicht.

Einige Tage später erkundigte ich mich bei Murad, wie es Achmed gehe.

„Er hat auch schon nach dir gefragt", antwortete er. Und nun, da ich endlich Interesse an seinem Freund signalisierte, hakte er ohne Umschweife nach, ob ich nicht endlich eine Entscheidung getroffen hätte.

„Ich würde ihn gerne wiedersehen", sagte ich leise.

Wie die Sonne selbst erstrahlte ein breites Lachen in Murads Gesicht. Schon am nächsten Tag eiste er mich unter einem Vorwand von zu Hause los und setzte mich an einem Wäldchen am Rande der Stadt ab. Er gab uns eine Stunde Zeit.

Achmed wartete schon und eröffnete mir alsbald, dass Murad ihn voll ins Bild gesetzt hatte. Dann öffnete er mir stockend sein Herz. Ich sei die Frau, mit der er sein Leben teilen wolle. Seine Eltern, aufgeschlossen und freundlich, machten ihm diesbezüglich keine Vorschriften. Er schlug mir vor, uns gemeinsam an weit entfernten Universitäten zu bewerben. Dann ging Achmed vor mir auf die Knie. Es kam mir seltsam unwirklich vor, aber er hielt tatsächlich um meine Hand an.

In meiner Überraschung glaubte ich, zu schweben, und diese Leichtigkeit verwob sich mit dem Gefühl, dass das Glück gerade an der Tür zu meinem Leben angeklopft hatte.

Wie durch Watte hörte ich Achmed sagen, er wolle mich nicht drängen, ich solle mir für die Entscheidung ruhig Zeit lassen. Die brauchte ich nicht, zu gründlich hatte ich mich mit dieser Frage auseinandergesetzt. Mein schnelles Ja verblüffte ihn, kam es doch, bevor er wieder aufstehen konnte. Unsere erste Umarmung war zaghaft und vorsichtig, so, als konnten wir beide kaum fassen, was gerade geschehen war.

In die Zartheit dieses Augenblicks platzte plötzlich ein Mann, der wie ein Irrwisch mit einem Schrei hinter einem Baum hervorsprang und sich mit hochrotem Kopf und geballten Fäusten vor uns aufbaute. Mein ältester Bruder! Drohend stierte er uns an. Noch heute, Jahre danach, kann ich die Angst, die mich wie eine riesige Faust ergriff, spüren.

„Du, was tust du da!", brüllte er und packte mich grob am Arm.

Ich wurde von einer tiefen Resignation umfangen, so, als säße ich hilflos eingesperrt in einem engen Raum, ohne jede Möglichkeit, zu entfliehen.

„Lass sie los! Es ist anders, als du denkst!", rief Achmed und spannte alle Muskeln an. Dieser sanfte Mann, er wuchs über sich hinaus!

Das gab mir neuen Mut. Mit aller Kraft riss ich mich los. „Du hast keine Ahnung!", schrie ich, während mir Tränen der Wut über die Wangen liefen.

„Mir reicht, was ich gesehen habe! Erklär das zu Hause!"

In diesem Augenblick stürzte Murad hinzu. Er schaffte es sehr schnell, unseren Bruder zu beschwichtigen, indem er ein Geheimnis andeutete, von dem die Eltern besser nichts erfahren sollten.

Später, im Auto, verkündete Achmed, dass wir heiraten wollten. Murad war nicht überrascht.

„Dann müssen wir schnell sein", sagte er. „Wir fahren heim und bitten sofort um den Segen der Eltern. Welchen Plan auch immer sie für dich, geliebte Schwester, verfolgt haben, seine Umsetzung war schon länger ein Problem für sie. Jetzt ist es gelöst, das werden sie sofort begreifen."

Der erstaunte Schrei meiner überrumpelten Mutter. Die offene Kinnlade meines Vaters und die großen Augen meiner Brüder. Heute muss ich lachen, wenn ich daran denke. Wie Murad vorhergesagt hatte, verstanden unsere Eltern im Nu, was seine feierliche Bitte für sie bedeutete. Sie stimmten zu und akzeptierten ganz gegen die Tradition sogar eine kleine Hochzeitsfeier im engsten Kreis. Als Ehepaar stand uns nun nichts mehr im Weg. Wir zogen um.

Seit zwei Jahren wohne ich mit Achmed weit weg von meiner Familie. Ich habe kaum noch Kontakt. Murad, der mir den Weg zu meinem Glück geebnet hat, lebt nahe bei uns.

Das Foto aus meiner Kindheit liegt in der Schublade meines Schreibtischs. Von Zeit zu Zeit nehme ich es heraus und schaue mir selbst ins Gesicht. Mein Lächeln ist noch immer dasselbe. Mir geht es gut. Ich freue mich auf die Zukunft. So wie damals.

***Rosalie Lenz** hat in verschiedenen Regionen Deutschlands gelebt und ist inzwischen im Raum Eichstätt zu Hause. Schreibideen brachte sie schon als Jugendliche zu Papier, seit dem Jahr 2020 nimmt sie sich regelmäßig dafür Zeit.*

Ich

Schon als kleines Mädchen habe ich die Beziehung meiner Großeltern und Eltern bewundert. Meine Großeltern waren über 70 Jahre verheiratet, meine Eltern feiern in diesem Jahr ihren 50. Hochzeitstag. Wie oft habe ich davon geträumt, genau das zu tun. Meinen Traummann zu finden und bis ans Ende meines Lebens mit ihm glücklich und zufrieden zu sein.

Als ich meinen 18. Geburtstag feierte, merkte ich, wie ich langsam anfing, die Männer anders wahrzunehmen. Es ging nicht mehr nur darum, ob er Humor hatte oder ob wir zusammen in einer Klasse waren. Nein, ich hinterfragte ihre Zukunftsperspektiven, interessierte mich dafür, wo sie beruflich hin wollten. Einfach gesagt, ich legte einen Filter über die Männer und sortierte aus. Was heute mit jeder App ganz einfach geht, war damals noch Handarbeit. Und es dauerte. Doch mit jedem Geburtstag stieg der Druck, den ich mir selber machte. Dieser Druck, den *Richtigen* zu finden. Glücklich zu werden. Mit Ehemann wäre ich glücklicher. Das redete ich mir ein und mein familiäres Umfeld bestärkte mich in dem Gedanken. Ein Leben ohne Ehemann. Alleine. Gott bewahre, für mich damals unvorstellbar. Und meine Ansprüche an den perfekten Mann fürs Lebens waren hoch und genauso unvorstellbar, dass je ein Mann diese erreichen könnte.

Mit meinem 25. Geburtstag erreichte der Druck, der auf meinen Schultern lastete und dem ich mich tagtäglich aussetzte und dem ich nie entkommen konnte, seinen Höhepunkt. Für mich war dieser Tag der Tag, an dem ich mich damit abfinden musste, dass ich nie erreichen würde, was meine Großeltern hatten. Nie würde ich so glücklich und zufrieden werden. Nie nie nie.

Dieser Gedanke kam das erste Mal zwei Wochen vor meinem 25. Geburtstag und er wich nicht mehr aus meinem Kopf. Tag und Nacht. Immer der gleiche Gedanke. Gut, ich hatte eine Beziehung. Ja, eine Beziehung. Zumindest das hatte ich erreicht. Er war kein Traummann. Nein, er war nicht mal mehr nahe dran. Aber ich hatte ihn kurz nach meinem 24. Geburtstag kennengelernt und ich war verzweifelt. Verzweifelt auf der Suche nach der großen Liebe. Nach der Liebe, die alles umspannt. Die mich endlich glücklich machen würde. Also ließ ich mich darauf ein. Er war eigentlich nicht mein Typ. Er roch nicht mal gut und bei ihm zu übernachten, bescherte mir Gänsehaut. Aber wir waren zusammen. Und doch war ich mir sicher, ich würde ihn nicht heiraten. Ich konnte ihn nicht heiraten.

Am Tag nach meinem 25. Geburtstag beendete ich die Beziehung. So konnte das Glück doch auch nicht aussehen. Und das erste Mal seit meinem 18. Geburtstag war ich alleine. Ich hatte keinen Freund. Bisher hatte ich immer einen Mann an meiner Seite gehabt – ohne konnte man ja nicht glücklich sein. Doch nun war ich alleine. Und ich war nicht auf der Suche. Jedenfalls nicht nach einem Mann. Was ich suchte, war das Glück.

Und ich fand das Glück. Aber nicht etwa in Gestalt eines Mannes. Nein. Ich fand das Glück in mir. Eine Freundin hatte mir zum 25. Geburtstag einen Yoga-Kurs geschenkt. Ein Geschenk des Himmels. Hier lernte ich, auf mich selber zu achten. Meine eigene Mitte zu finden. Mir selbst genug zu sein. Nicht von der Meinung anderer abhängig zu sein. Dieser Yoga-Kurs war der Kurs zum Glücklichsein für mich. Alleine glücklich und zufrieden.

Und zum 50. Hochzeitstag meiner Eltern in diesem Jahr werde ich zusammen mit meinem wahren und einzigen Glück gehen, mit mir selbst. Denn ich habe gelernt, mir selbst genug zu sein. Und diese Erkenntnis macht mich auch vier Jahre nach meiner ersten Yoga-Stunde noch immer glücklich.

Christina Reinemann *wurde 1982 in Kassel geboren. Sie studierte Geschichte, Psychologie und Chemie an der Universität Oldenburg. In den Jahren 2011 bis 2014 veröffentlichte Christina Reinemann im Selbstverlag zwei Oldenburg Krimis sowie einen Leeraner Roman. Ihre Kurzgeschichten „Schokoladenliebe" und „Amt nicht gesagt" wurde 2013 in einer Anthropologie veröffentlicht. Zehn Jahre später erschienen ihre Kurzgeschichten „Qualitätsmanagement" und „Lebe, Liebe, Lache".*

Aus den Nebenräumen

Der Verstand darf peinsam laut dir's klagen,
dass die Tür für immer zugeschlagen.

Ausgesperrt von Glück und Lebenstraum,
dir nur bleibt dein düst'rer Nebenraum.

Doch beherzten Zweiflers leises Hoffen
hält sie immer eine Handbreit offen.

Und ist ach so klein auch nur der Spalt,
darf erwachsen d'raus die Lichtgestalt,

streckt entgegen dir alsbald die Hände,
zu geleiten schließlich dich durch Wände.

Wolfgang Rödig lebt in Mitterfels. Er hat seit 2003 mehr als 600 belletristi-sche Kurztexte in Anthologien, Literaturzeitschriften, Tageszeitungen, Maga-zinen und Kalendern veröffentlicht.

Das Glück zu leben

Das erste Geschenk meines Lebens war das Leben selbst. Das zweite war das Glück, unversehrt geboren worden zu sein. Erst mal ankommen. Mit dem Leben davonkommen. Mit zwei blauen Augen, vielleicht auch Schutzengeln. Als mein Leben begann, hatten nicht alle Kinder den gleichen gesellschaftlichen Stellenwert. Die Gesellschaft unterschied zwischen ehelich geborenen Kindern aus *ordentlichen* Verhältnissen, nicht ehelichen Kindern und solchen, mit denen man nicht spielte.

Wir hatten einen Garten, in dem alles wuchs, was der Körper zum Überleben brauchte, auch Vitamin B. Aber es gab keine Anti-Diskriminierungskampagnen, keine Gleichstellungsbeauftragten, keine Gendersprache, keine Inklusion oder Integrationshilfe, keine Frauen- oder Quotenregelung. Es gab den Kuppeleiparagrafen. Die Pille, auch die danach, gab es nicht. Familienplanung und Geburtenregelung war Gebildeten, Intelligenten und Reichen vorbehalten, die über die Mittel und Zugänge verfügten. Familien mit vielen Kindern galten als kinderreich.

Ein Kind, das nicht als Glück empfunden wurde, schwebte latent in der Gefahr, Opfer zu werden. Schwarzes Schaf. Sündenbock. Rotkäppchen und der böse Wolf. Spiel nicht mit den Schmuddelkindern, sing nicht ihre Lieder. Kindheit ist kein Kinderspiel. Mobbing war kein Thema. Trug es sympathische Züge, das Kind, hatte es Chancen, gemocht zu werden. Ich hatte das Glück blauer Augen und schwarzer Haare, auch wenn diese vom Vater, einem Vergewaltiger, waren.

Mit dem Glück ist es so eine Sache. Politik hat sich noch nie für Einzelschicksale interessiert. Politik wurde von Männern für Männer gemacht. Frauen mussten sich also selber kümmern. Was man nicht kennt, kann man nicht begehren, bekämpfen oder lieben. Beschreiben Sie einem Menschen den Geschmack von Joghurt, der keinen Joghurt kennt. Mon Cherie. Das Glück war also etwas Vages, das manchmal durch Werbung ins Wohnzimmer schwappte, aber falsche Bilder von Glück erzeugte.

Schon früh verließ ich das Dorf. Auch jenseits erwies sich das Glück brüchig, unzuverlässig. Als mein erstes Kind nach einer Frühgeburt starb, war es wieder da: der Wert des Lebens, nicht greifbar, nicht käuflich. Glück ist also auch das Unglück, das nicht passiert.

Ich nahm die Sache mit dem Glück selbst in die Hand. Ließ mich von ihm suchen und finden. Glück ist nichts mehr einklagen, erwarten, einfordern, nicht mehr kämpfen zu müssen. Sich selbst und anderen nichts mehr beweisen, sich nicht mehr erklären oder rechtfertigen müssen. Keine falschen Rücksichten üben zu müssen. Einfach akzeptiert, angenommen und geliebt zu werden, da sein und so sein zu dürfen, wie man ist. Bei sich selbst angekommen zu sein, sich selbst zu lieben, wie den anderen. Angekommen bei sich selbst, dem längstem Weg.

Ulrike M. Dierkes, geboren 1957 in Münster/Westfalen, hatte keinen glücklichen Start ins Leben. Ihre Mutter wurde als Kind vom eigenen Vater sexuell missbraucht, wurde mir 13 Jahren schwanger, Ulrike wurde geboren. Sie begann schon früh, journalistisch und literarisch zu schreiben, hatte Erfolg mit ihren Büchern („Schwestermutter" 2004), arbeitete bis zuletzt als Autorin und Journalistin in Agenturen und Verlagen. Als Mutter dreier Kinder erfuhr sie „das Leben" als elementares Glück, das man nicht festhalten kann und auf das man keinen Anspruch hat. Liebe und Selbstliebe sind für sie ein Schlüssel zum Glück. 2008 erhielt sie für ihr Engagement für Inzestkinder das Bundesverdienstkreuz. Seit dreißig Jahren führt sie den gemeinnützig anerkannt eingetragenen M.E.L.I.N.A e. V.. Sie ist verheiratet und lebt mit ihrem Mann am Rhein.

Gedankenspiel: Glück

Was nennt sich Glück?
Was ist das Ziel?
Gar vorbestimmt,
doch nur ein Spiel?

Wie führt der Weg?
Wie läuft die Bahn?
Die Reise zum Glück –
wo kommen wir an?

Die Kurve, der Hügel.
Bergauf und bergab.
Die Klippe, der Absprung ...
Oft war es knapp.

Kleiner Liebesgruß –
am Wegesrand.
Vergissmeinnicht –
im Stress verkannt.

Ein *Funkelstern* —
der gelbe Mond.
Glücksmomente –
selten, ungewohnt.

Vogelgezwitscher –
ohrenbetäubend laut?
Oder der lieben Seele
ein heilendes Kraut!?

Kurze Augenblicke –
mit endlosem Charme.
Nennen wir GLÜCK!
Halten uns warm.

Katja Lippert, *1982 in Schlema geboren. Verheiratet, Mutti von vier Kindern und berufstätig als Hauswirtschafterin. Eigene, mehrsprachige Kinderbücher wie „Liese, Lotte und der Weg in die Welt".*

Kleine Flucht

Mit Anbruch des Tages hat er sich auf den Weg gemacht. Die Morgenröte, die den Himmel wie ein blasser roter Schleier überzogen hat, ist einem klaren Blau gewichen. Eine Handvoll Bergdohlen dreht friedlich über seinem Kopf Kreise, ab und an durchdringt ein heiseres Krächzen die Luft. Er nimmt die Abkürzung. Der Pfad ist ihm vertraut wie sein eigener Herzschlag. Unzählige Male ist er ihn gegangen. Mit großen Schritten bewegt er sich über den federnden Teppich aus Moos, seine Hündin Charlie folgt ihm auf den Fuß. Zum Sonnenaufgang, so hatte er ursprünglich geplant, auf dem Gipfel zu sein. Jedes Mal ist es ein bewegendes Erlebnis, in der Erhabenheit dieses Augenblicks, wenn die Sonne am Horizont auftaucht und den Neuanfang symbolisiert, zu versinken.

Wider Erwarten ist er zu spät losgegangen. Seit einer Ewigkeit ist er heute zum ersten Mal nicht um fünf Uhr morgens aufgewacht, sondern hat tief und fest wie ein Murmeltier geschlafen. Vielleicht ist es der Geborgenheit geschuldet, die ihm sein Elternhaus spendet.

Wie große Glasperlen liegen Tautropfen auf den Blättern, Spinnenweben zieren jeden Winkel. Der unbändige Gesang der Vögel umgibt ihn. Stetig setzt er einen Schritt vor den anderen, immer weiter bergan steigend. Im Wald ist es kühl und schattig, die Sonne versteckt sich noch hinter den gegenüberliegenden Bergen. Überall wuchern Pilze – kleine helle Fächer, gelbe oder weiße Hüte, dicke steingraue Kugeln. Er saugt die frische Morgenluft tief in seine Lungen ein und nimmt eine Melange von Düften wahr. Vom Tau benässtes Grün, würzige Erde. Dazu gesellt sich der leichte Modergeruch der von Tag zu Tag dicker werdenden Laubdecke und das harzige Aroma, das das Holz verströmt.

Er könnte sich Zeit lassen, doch es treibt ihn vorwärts. Sein unnachgiebiger Ansporn, der zeit seines Lebens wie ein zweites Ich an ihm klebt, stachelt ihn an. Nicht umsonst hat er es bis ganz nach oben geschafft. Topmanager in einem Großunternehmen. Man bescheinigt ihm häufig, dass er seinen Job hervorragend ausfüllt. Ja, er ist gut in dem, was er macht. Bisweilen bringt ihm die Arbeit sogar Spaß. Die Zahlen stimmen, die Aktionäre sind zufrieden, die Mitarbeiter meistens auch. Seit einiger Zeit ist er der umjubelte Star in der Wirtschaft, der erklärte Liebling der Presse. Damit er das Bild, das man von ihm sehen will, auch perfekt erfüllt, hat man ihm einen Personaltrainer zur Seite gestellt. Ein Wirtschaftsboss, dem eine Journalistin den Stempel *George Clooney der Management-Welt* aufgedrückt hat, sportlich, durchtrainiert. Klar, dass die (Klatsch)Presse das liebt. Seit Neuestem beschäftigt man sogar einen Stylisten für die offiziellen Fotos. Als der Marketingvorstand ihm den Vorschlag (der in Wirklichkeit längst beschlossene Sache war), sein Image professionell zu visualisieren, überbracht hat, hat er gelacht, an einen Scherz geglaubt, bis er sich einen langen Vortrag über die Macht der Bilder und die Welt der Social Media angehört hat. Schließlich hat er begriffen, wie wichtig die bunten, gekonnt in Szene gesetzten Fotos in der Öffentlichkeit sind.

Und sein Privatleben? Verheiratet, drei Kinder. Eine Ehe auf Augenhöhe. Ein repräsentatives Haus. Makellose Familienidylle. Oberflächlich betrachtet. Tatsächlich weiß er nicht, wie lange seine Ehe noch vor sich hinvegetieren kann, seine Kinder sind auf dem Sprung, das elterliche Nest zu verlassen. Das Verhältnis zu ihnen (wie auch zu seiner Ehefrau) ist, gelinde gesagt, angespannt. Und das Haus? Ein transparentes Anwesen, viel Glas, seiner Frau zuliebe. Ein Aquarium. Genauso wie auf der Arbeit kommt er sich zu Hause auf dem Präsentierteller vor. Wahrscheinlich schläft er auch deswegen schlecht.

Während er kräftig ausschreitet, knackst es beständig im Unterholz. Geräusche, die ihm vertraut sind und Ruhe einflößen, ja, ihn entspannen. Es sind Tiere, die sich in der Tiefe des Waldes bewegen, Herbstblätter, die unablässig von den Zweigen der Bäume trudeln, Früchte – Bucheckern oder Eicheln, späte Kastanien –, die auf den Waldboden plumpsen.

Das Leben ist kurz davor, ihn zu überholen, spürt er mit sicherem Instinkt, die Arbeit nimmt einen maßgeblichen Anteil ein. Die Geschwindigkeit seines Daseins, die er mit einer gewissen Beharrlichkeit in Gang gesetzt hat, ist dabei, sich in einen Sog der Zerstörung zu verwandeln. Seit die Amerikaner im Unternehmen mitmischen, dreht sich alles deutlich schneller und er fürchtet sich vor dem Tag, an dem er aus der Umlaufbahn des Systems hinauskatapultiert wird. Lange wird er das Tempo nicht halten können, trotz Heerscharen von Assistenten, Beratern, dem Personaltrainer und Coach. Und, Hand aufs Herz, wem kann er wirklich vertrauen?

An manchen Tagen fühlt er sich wie eine Marionette, die an so vielen Fäden hängt, dass sie beständig Gefahr laufen, sich zu verknoten. Es ist kompliziert. Wenn er versucht, mit dem Coach ernsthaft über seine Ängste oder Selbstzweifel – sein lebensbegleitendes Gepäck – zu sprechen, scheint dieser in die Hände zu klatschen und sich zu freuen. Wunderbar. Das ist Authentizität. Das ist das, was die Leute hören wollen.

Bullshit, denkt er ein ums andere Mal. Es ist Bullshit. Und noch schlimmer: Jeder normale Mensch um ihn herum sagt, er habe etwas aus seinem Leben gemacht, es zu etwas gebracht. Manche bewundern ihn. Wie leicht sich Menschen täuschen lassen.

Zeit, nicht ein Gefolge von Beratern, ist das, was er am dringendsten braucht. Darüber ist er sich im Klaren. Zeit für sich. Zeit, um an seinem inneren Gleichgewicht zu feilen und sich wieder auszubalancieren.

Viel früher hat er in die Berge kommen wollen. Zu Ostern, im Sommer, spätestens zum Almabtrieb. Und jetzt ist es Mitte Oktober. Hier spürt er seine Wurzeln, kann zu dem finden, was ihn ursprünglich bestimmt hat. Hier gibt es Luft für seine Seele und zum Atmen.

Die Hündin stutzt, bleibt stehen, das rechte Vorderbein angewinkelt, und wittert etwas. Zum Glück ist sie zu ängstlich, um loszustürzen. Wenige Armlängen von ihnen entfernt fliegt ein brauner Raubvogel vom Erdboden auf, gleitet wie ein Schatten durch den Wald. Ein Bussard.

Ein Glücksgefühl, unerwartet und kraftvoll, durchflutet ihn. Und er weiß nicht, was ihn mehr beeindruckt: die Tatsache, Glück zu empfinden, oder dass er seine Gefühlsregungen überhaupt noch bemerkt. Gelegentlich, vermutlich sehr häufig hinter seinem Rücken, werden ihm Reserviertheit, emotionale Kälte oder Ignoranz vorgeworfen.

Ein letzter kurzer Anstieg, dann lässt er den bewaldeten Teil des Weges hinter sich und erreicht das Hochplateau, über das er keine Viertelstunde gehen muss, ehe er zum Gipfel gelangt. Kein hoher Gipfel, aber die höchste Erhebung, die in unmittelbarer Reichweite seines Elternhauses liegt. Die Sonne klettert das letzte kleine Stück über den grauen Berggipfel auf der anderen Seite des Tales, tastet sich auf der Wiese vor, bis sie schließlich die Welt mit ihrem gleißenden Licht erfüllt. Leben spendendes Licht. Wärme. Ein Naturerlebnis, von elementarer Gewalt, das ihn unmittelbar gefangen nimmt. Er verharrt, schließt die Augen, spürt die Sonnenstrahlen auf den Lidern und genießt es. Für ein paar Minuten gibt er sich ganz seinen wohligen Empfindungen hin.

Auf der Bank am Gipfelkreuz nimmt er Platz, die Hündin erkundet die Umgebung kurz, bevor sie sich zu seinen Füßen niederlässt. Automatisch streckt er die Hand nach ihr aus, spürt das von der Sonne gewärmte Fell und streichelt das Tier. Charlie legt jetzt den Kopf auf die Pfoten, entspannt sich vollends und schmatzt genüsslich. Wie leicht, sinniert er, es Hunden fällt, im Augenblick zu leben und ihn zu genießen. Als gäbe es nichts Wichtigeres auf der Welt.

Noch hat er das alles hier oben für sich allein. Später kommen die Touristen. Oder lächerliche Youtuber oder Instagrammer, die das Plateau für die Bühne ihres Lebens nutzen.

Das Tal erstreckt sich zu seinen Füßen. Die Bergwelt – eine einzige Pracht, unverrückbar, wie seit Millionen Jahren. Klare Fernsicht, über ihm der unendliche Himmel. Alles ist pur.

Wer ist er auf diesem Planeten? Ein verschwindendes Nichts, zumindest hier oben. Ein Mann, der sich an einem herrlichen Herbstmorgen erfreut.

Es braucht so wenig, um glücklich zu sein: die Natur, einen Moment der Ruhe, innere Freiheit. Einen Hund. Es ist das, was zählt.

Er fühlt sich großartig.

Wie lange wird das Gefühl anhalten?

Bettina Schneider: *Jahrgang 1968, lebt in Berlin, verheiratet, zwei Kinder, Studium der Betriebswirtschaftslehre, im Anschluss zehn abwechslungsreiche Jahre im Rechnungswesen in der Privatwirtschaft, heute Freiraum für kreative Tätigkeit. Sie schreibt mit Begeisterung Kurzprosa, einiges davon ist veröffentlicht. Sie ist eine Leseratte, liebt Sonne und blauen Himmel und mag Wald-Spaziergänge.*

Provisorisch schön

Das Leben ist doch nur
provisorisch schön
eh du dich umgedreht
muss die Schönheit vergeh'n

Die beste Entscheidung
ist verbunden mit Verzicht
wofür du dich nicht entschieden
das bekommst du nicht

und das Glück bleibt – oh pardon!
oftmals ganz im Karton
zeigt sein Gesicht nicht
verliert die Fasson

Treibt sie vorbei, dann halt' sie fest
ich meine die Liebe, dies verrückte kleine Ding
das besonders anfällig für's Provisorium
und schon so oft noch jung am Seile hing

Monika Preiß lebt in Mainz, Studium der Germanistik und Musik, schreibt Erzählungen, Gedichte, Hörspiele, Kindergeschichten. Veröffentlichung zweier Erzählbände, in Gedichtbänden, Anthologien etc.. Hörspiel „Der nächste Winter kommt bestimmt" (hr), Liebesgedichtband „Wenn des Nachts der goldene Fisch im Teich sich zeigt (2023), Literaturförderpreis der Stadt Mainz u. a..

Rechne mit allem,
auch mit dem Guten

Mein Weg ins Glück begann erst einmal damit, dass ich überhaupt nicht mehr laufen konnte. Ein Schlaganfall mit Folgen, linksseitige Lähmungen. Herzpumpkraft nur noch 15 Prozent. Die Voraussage der Ärzte – maximal noch anderthalb Jahre, wenn ich mich schonen würde. Sonst!?

Ein Herzschrittmacher mit Defibrillator wurde mir eingesetzt, der ziert jetzt mein linkes Schlüsselbein. Den Rollator fand ich alles andere als chic. Ich fühlte mich wie ein wandelndes Ersatzteillager mit Batterie. Das linke Bein war kraftlos. Meine Sprache nuschelnd. Genug der Diagnosen, aber die waren zur Erklärung nötig.

Nun stand – oder besser gesagt – lag ich da, erschüttert über das, was mir geschehen war. Mein Herz war gebrochen und mich hatte der Schlag getroffen, beide Sprichwörter trafen restlos zu. Ganz plötzlich war ich von einem überdimensionalen Besen aus dem Leben gefegt worden. Degradiert zu einem Scherbenhaufen, sowohl körperlich als auch seelisch. Wie ein Blatt, das vom Herbststurm in den Gully geweht wurde.

Es stellte sich mir wieder einmal die Sinnfrage, wie schon so oft in meinem Leben. Mir war nach aufgeben, loslassen, weggehen, auch danach, den Ärzten recht zu geben. Eben danach, bald oder sogar sehr bald zu sterben. Ich war müde.

Doch wer hatte mir zu sagen, wann ich zu sterben habe? Liegenbleiben, dahinsiechen? Nein, ging mit mir dann doch nicht.

Es war mühsam, am Rollator zu trainieren. Das langsamste Stück des Weges in mein Glück, voll mit Hindernissen. Teppichbrücken waren Hindernisse, glatte Fliesen auch. Treppen sowieso. Erst zehn Schritte, dann zwölf Schritte und so weiter. Es zog sich über Wochen. Ich machte es heimlich, weil ich mich für die obskuren Bewegungen – staksen, zittern, wackeln, schwanken, nicht zu vergessen das vor Anstrengung verzerrte Gesicht, das ich im großen Spiegel in der Diele nicht mehr erkannte – schämte.

An einem Morgen jedoch klingelte es an der Tür und mein Humor kam auf einen Kaffee vorbei. Als ich wieder einmal einen verstohlenen Blick in den meterhohen Spiegel in der Diele warf, musste ich lauthals lachen. Das Bild, das sich mir bot, würde auf YouTube viral gehen. Im Schlafanzug, barfüßig, ungekämmt, noch Marmelade vom Frühstück in den Mundwinkel, die Gehhilfe mürrisch vor mir herschiebend – und so was von schlecht gelaunt. Ein Gestell aus tapezierten Knochen mit müden Augen im Gesicht. Heute wollte ich 20 Schritte schaffen. Dieser Lachflash gab mir Kraft. Ich schaffte 30 Schritte, den Spiegel immer im Auge, begleitet von immer wiederkehrenden Lachanfällen. Humor bahnte sich mit vollem Ellenbogeneinsatz einen Weg durch meine Traurigkeit.

Weiter auf dem Weg, mit kleinen Schritten.

Der erste Saunagang im Fitnessstudio war von Angst besetzt. Konnte ich meinem Körper noch vertrauen? Durfte ich mich über Anweisungen und Verbote der Schulmedizin hinwegsetzen? Wusste ich nach der ganzen Quälerei noch, was gut oder schlecht für mich ist. Zweifel türmten sich vor mir auf wie ein gewaltiger Stapel alter Paletten. Und doch es war genial schön in der wenig beleuchteten Sauna. Es tat gut. Ich habe mich nur fünf Minuten getraut. Aber mein Herz hat freudig gepumpt und das Wohlgefühl mit dem Blut durch meine Adern geschickt. Ja, es fühlte sich richtig an. Yoga würde ich auch versuchen. Mut krabbelte in mir hoch und stand ab dem Moment hinter mir.

Die Gemeinsamkeiten in unserer Beziehung waren verschwunden. Oder hatte es sie nie gegeben? Mein Partner konnte und wollte nichts mehr mit mir anfangen. Er ging seiner Wege, ich ging am Rollator. Ich wurde stinksauer und meine Kraft gewaltig. Die kleine Flamme in mir erreichte mindesten die Größe eines Osterfeuers und die brennenden Pfeile aus meinen Augen entzündeten einen Flächenbrand. So wollte ich nicht mehr.

Also begann ich, eine Wohnung zu suchen. Ich hatte drei Wünsche, aber keine gute Fee. Balkon, Badewanne und Parterre. Daraus wurde dann Balkon, Badewanne, zweiter Stock. Also doch ein guter Geist, der mich begleitete. Ich war nicht besiegt, ich nahm nur Anlauf. Anlauf zum Sprung ins Ungewisse. Von einem Felsen hoch über dem Meer in die wilden Wellen. Und ich sprang.

Ein weiches Netz von Freunden gespannt, fing mich auf. Ich fiel zwar tief, aber sanft war mein Aufprall. Von allen Seiten strömte Hilfe herbei. Umzug mit Rollator. Nur meine persönlichen Dinge kamen mit. Alles lief richtig schnell, gut und einfach. Es fühlte sich so an, als wenn es so sein sollte.

Abzweigungen hatte ich genug probiert. Urwald, Sumpf, Gebirge und steinige Strecken. Als ich unsere gemeinsame Wohnung verließ, gerade und aufrecht, mit Traurigkeit in meinem Rollator-Körbchen, und mich ein letztes Mal umdrehte, sah ich einen fassungslosen Menschen. Niemand hatte damit gerechnet, dass meine Kraft zurückgekehrt. Selbst ich nicht. Doch gab es für mich kein Zurück.

Die Tür in meiner neuen Wohnung fiel hinter mir ins Schloss, die vielen fleißigen Umzugshelfer/innen hatten sich verabschiedet und ich weinte bitterlich. Sodass mein ganzer Körper sich schüttelte. Der Schmerz kam tief von innen heraus. Mein Körper fühlte sich an, als wenn ich Dynamit verschluckt hätte, das jeden Moment in einer gewaltigen Explosion meine Einzelteile verstreuen würde.

Und dann wurde es ruhig. Ich hatte nur persönliche Dinge mitgenommen. Und natürlich meine 40 Paar Schuhe, obwohl ich nur zwei Beine habe. Eine Luftmatratze und eine Küche standen mir zur Verfügung. Aber jede Wand dieser kleinen Wohnung erzählte mir Geschichten von Menschen, die einmal dort gewohnt hatten. In jeder Ecke war neue Hoffnung zu Hause. Und ich konnte durchatmen. Ich hatte Raum und Luft, und zwar die Luft, die sich Freiheit nennt.

Sicherlich war auch Verzweiflung bei mir zu Gast. Sie hatte Geldnot und Sorgen im Gepäck. Doch mein Begleiter Mut saß auf dem Sideboard mit Daumen hoch und mein Humor lachte über den Kühlschrank, der mit zwei Eiern und drei Scheiben Wurst bestückt war. Die ungebetene Verzweiflung, die mich herunterziehen wollte, verabschiedete sich immer sehr schnell – und der Gerichtsvollzieher auch.

Auf dem Weg der kleinen Schritte war die Einsamkeit oft eine Begleiterin. Sie berichtete von Menschen, die sie zur besten Freundin nahmen. Nun, meine Freundin sollte sie nicht werden. Als sie links abbog, winkte ich ihr noch einmal zu. Ich habe sie nur noch selten gesehen. Steinig war er, der Weg, und unendlich lang kam er mir vor. Der Silberstreif am Horizont war oft nicht zu sehen. So trottete ich vor mich hin. Ins Fitnessstudio, in die Sauna, in den Wald.

Irgendwann schob ich den Rollator an den Rand meines Weges und war erleichtert, dass ich ihn nicht mehr brauchte, doch dankbar, dass er mich ein Stück des Weges gestützt hat. An unebenen Stellen, die den Pfad säumten, lernte ich Menschen kennen, die ein ähnliches Schicksal hatten. Wir nahmen uns an die Hand und gingen ein Stück gemeinsam. Und sie waren nicht böse, wenn ich sie nach einer Zeit überholte.

Ich gehe diesen schönen Weg weiter. Leichtfüßig und fröhlich. Er ist nicht zu Ende und ich weiß, er führt ins Glück. Blumen wachsen vor meinen Augen, für den Regen habe ich eine Kapuze. Die Steine werden weniger und die Pfützen kleiner. Meine Beine sind manchmal müde, aber meine Seele nicht. Die Augen sehen wieder ganz andere Dinge. Das linke nicht so gut, aber das rechte. Heute bin ich glücklich. Es ist gefühlt nicht so ein Glück wie bei einer wilden Verliebtheit oder das Glücksgefühl bei einer Hochzeit. Es ist nur von dem Gefühl zu übertreffen, wenn ein Kind geboren wird und man dieses kleine Wesen im Arm hält. Dieses neue Glück ist friedlich, breitet sich warm aus und Zuversicht und Zufriedenheit strahlen in den Körper.

Wenn ich auf meinem Weg auf einer Bank ausruhe, nehme ich den Stift zur Hand und schöne Bilder werden zu bunten Worten. Ich jongliere wie ein Zirkusartist mit Buchstaben und lasse sie beiläufig auf ein weißes Blatt Papier fallen. Manchmal auch auf Butterbrotpapier oder die freie Ecke einer Zeitschrift. Fantasie und Freiheit setzen sich zu mir, machen es sich neben mir bequem, sortieren die Worte und so entsteht dann eine kleine Geschichte.

Nichts von dem, was ich wirklich war, ist auf meinem langen Weg ins Glück verloren gegangen. Es hatte sich versteckt und ist zu mir zurückgekehrt. Auch das Glück ist wieder bei mir, aber ich bin ihm, wenn auch langsam, ein kleines Stückchen entgegengegangen.

Und deshalb rechne ich mit allem, auch mit dem Guten.

Adelheid Bitzer: 1957 während der Evakuierungen in Freising geboren. 1960 ins Ruhrgebiet zurückgekehrt. Aufgewachsen in einer deutsch-italienischen Arbeiterfamilie in Gladbeck. Beruf Sekretärin. Zahlreiche Veröffentlichungen, Hobby: Linedance.

Glücksmomente

Irgendwo verborgen sitzt das stille Glück.
Wann kommt es zum Vorschein? Wann kommt es zurück?
Manchmal hör' ich leise es vorüberziehen.
Nur für Augenblicke ist es mir geliehen.
Glück ist, wenn ich lese zwischen Zeilen still.
Glück ist, wenn ich lächle, weil es Gott so will.
Glück, das ist Familie und Zusammenhalt,
Glück ist ein Spaziergang, draußen sein im Wald.
Glück ist, wenn ich sehe still mein schlafendes Kind.
Glück ist, wenn die Freunde um mich versammelt sind.
Glück ist ein Gedanke flüchtig heut' an dich,
Glück, das ist Vertrauen tief und fest in mich.
Seh' ich Glück im Kleinen, kann ich nun verstehen,
Glück, das wird niemals an mir vorübergehen.

Michaela Goßmann, *Jahrgang 1984, ist Lehrerin in Mainz.*

Auch das noch

Verschlafen geht mein Blick auf dem Wecker. Die Zahlen sind verschwommen und ich brauche etwas, bis ich realisiere, wie viel Uhr es ist.

„Scheiße", fluche ich laut, „verschlafen!" Schnell springe ich auf und greife nach meiner Kleidung. Katzenwäsche muss heute reichen. Eiligst nehme ich auf dem Weg in die Tiefgarage immer zwei Stufen auf einmal. Im Auto greife ich zu den Kaugummis. Kein wirklicher Ersatz zum Zähneputzen, aber dafür ist keine Zeit mehr.

Als ich den Motor aufheulen lasse, hätte ich eigentlich schon im Büro sein und die Papiere für das Meeting vorbereiten sollen. Während ich den Wagen zum Ausgang manövriere, lege ich das Handy in die Freisprecheinrichtung.

„Rubina anrufen", rufe ich aus, als der Ton erklingt, dass ich das Gerät benutzen kann. Kurz darauf höre ich schon das Tuten.

„Sonja, wo bleibst du?"

„Verschlafen", stöhne ich auf. „Darum ruf ich an. Auf meinem Tisch liegen Teil drei und vier der Mappen von Klaus. Eins und zwei sind im Regal im Komfi."

„Okay, und die beiden letzten?"

„Musst du von Oliver holen."

„Gut, dann bereite ich das vor. Du hast übrigens Glück. Herr Klaus hat angerufen, er verspätet sich."

Erleichtert lasse ich Luft aus meinen Lugen heraus. „Wenigstens etwas." Trotzdem trete ich weiter das Pedal durch. Auch wenn ich jetzt nicht mehr unzuverlässig vor dem Mandanten wirke, will ich nicht noch später auf der Arbeit erscheinen.

Rot. Immer wieder zeigen die Ampeln rot an. Inzwischen bin ich an dem Punkt, dass ich wie ein Schandmaul fluche. Mir ist auch gerade egal, in welcher Sprache, so etwas schnappt man irgendwie immer als Erstes auf.

Beim nächsten unfreiwilligen Stopp nehme ich mein Handy zur Hand und schreibe Rubina, dass ich vermutlich noch später ankomme, als ich gehofft hatte. Und dann suche ich eine andere Route zum Büro. Für die Strecke, die mir der Routenplaner ausspuckt, brauche ich zehn Minuten länger. Aber es ist besser, als ewig hier stehen zu bleiben.

In dem Moment, als ich das Gerät wieder in die Halterung stecke, kommt eine Nachricht von meiner Arbeitskollegin zurück.

Herr Klaus ist noch nicht anwesend, wird knapp, beeil dich.

Wenigstens etwas.

„In 150 Metern in die Ritter Moritz Straße abbiegen", sagt das Handy in diesem nervigen Ton.

„Würde ich gerne, aber ich stehe immer noch hier", brumme ich.

Als es grün wird und ich das Gaspedal treten will, kracht es hinter mir und mein Wagen macht mit mir einen Satz nach vorne.

„Auch das noch", schreie wütend und versuche, meine Nerven zu beruhigen. Mein Finger geht zur Warnblinkanlage und ich greife nach dem Handy. Als ich aussteige, steht da ein Mann und reibt sich die Lider.

„Auch einen schlechten Tag?", frage ich aus einem Impuls heraus.

„Fragen Sie lieber nicht", seufzt er mit heißerer Stimme.

„Okay, ich mach jetzt Bilder. Danach sollten wir an den Rand fahren, sodass wir den Rest nicht behindern."

Er nickt und zieht ebenfalls sein Handy. Wir knipsen von nah, von weiter weg und steigen dann ein. Am Straßenrand schriebe ich Rubina, dass ich einen Unfall hatte und definitiv nicht rechtzeitig ankomme.

„Geht es Ihnen denn gut, also ..."

Ich nicke. „Nur ein Schreck. Ich glaube nicht, dass ich etwas Schlimmeres habe."

„Wenigstens etwas." Er seufzt. „Ich muss eingeschlafen sein, es tut mir wirklich leid."

„Kann immer passieren." Ich reibe mein Genick.

„Sicher, dass Sie nichts haben?"

„Einen schrecklichen Start in den Tag, aber ansonsten geht es mir wirklich gut."

„Oh ja, das kenne ich. Erst fällt der Flug aus, dann werde ich auf Economy-Class umgebucht. Anschließend komme ich nach neunzehn Stunden Flug hier an, den ich übrigens mit einem schreienden Baby verbracht habe, und alle Wagen sind ausgebucht."

„Na, zum Glück habe ich nur verschlafen und werde vermutlich gefeuert, weil ich den Kunden nicht in Empfang nehmen kann."

„Ich kann für Sie anrufen und mich entschuldigen."

Ich lache auf. „Hilft nichts, ich hätte ja nicht verschlafen dürfen." Mein Blick geht aufs Handy.

Er lehnt sich an die Motorhaube seines Wagens. „Sie können ruhig fahren. Es ist meine Schuld, das werde ich der Polizei auch so sagen."

„Jetzt ist es eh schon egal", meine ich und lehne mich an den Kofferraum.

„Jonas Klaus", sagt er und reicht mir seine Hand.

„Sonja Krebs." Kurz muss ich bei den Nachnahmen lachen.

„Was ist so witzig?", will er wissen.

„Sie heißen wie mein Kunde."

Er zieht eine Augenbraue hoch. „Sie arbeiten nicht zufälligerweise bei Riemer und Partner?"

„Äh doch."

Jetzt lacht er auf. „Dann Frau Krebs, kann ich Ihnen vergewissern, dass Sie nicht gefeuert werden."

Ich brauche etwas, um diese Information zu verstehen, und breche anschließend in schallendes Gelächter aus. „So etwas kann auch nur mir passieren."

„Während wir auf die Polizei, den Abschleppwagen und das Taxi warten, können wir gerne über Ihre Präsentation reden."

„Ich bezweifle, dass ich das nach diesem Morgen wirklich hinbekomme." Vor allem weiß ich nicht, ob ich dieses Gespräch damit versauen will. Wann trifft man schon einen noch größeren Tollpatsch, als ich einer bin. „Daher würde ich eher sagen, wir sollten uns etwas zu essen und einen Kaffee holen."

„Gute Idee. Aber glaubst du, dass dein Kostüm sauber bleibt?"

„Ich habe im Büro immer einen Ersatz liegen", sage ich und zwinkere ihm zu.

„Ich nicht, dann musst du mir deines leihen."

Über das Bild in meinen Kopf muss ich lachen. „Werden wir sehen." Ich habe lange gebraucht, um zu erkennen: Egal wie schlecht ein Tag starten kann, es braucht manchmal nur einen Stupser, damit er besser wird.

Luna Day *lebt mit Familie in Augsburg.*

Wanderer

Wanderer zwischen Welten,
ein Pilger der Gezeiten.

Wandern in der Morgendämmerung,
über Stock und Stein.

Durch Nebel waten,
Graugänse aufsteigen seh'n.

Anklopfen bei Wildfremden,
Brot und Wein zu erbitten.

Den Krug einschenken,
neue Ziele zu beschreiten.

Andere Wege,
querfeldein.

Berggipfel hoch,
und wieder hinunter.

Im kühlen Wasser,
Bachläufe durchquer'n.

Einsam sein,
und doch erfüllt.

Wieder mal Geräusche wahrzunehm'n,
schon längst verloren geglaubt.

Wind in den Baumwipfeln spür' n,
das Rieseln der Tannennadeln.

So die Welt durchstreifen,
dankbar dafür zu sein.

Das ist Glück!

Geschrieben am Weltglückstag, 20. März 2023

Thomas Krieg, *geboren 1971 in Mainz, lebt in Erkelenz. Studium der Naturwissenschaften (Biologie, Physik, Exp. Psychologie) in Heidelberg und Düsseldorf. Tätigkeit als Berufsberater. Beschäftigung mit Lyrik seit 2000, Mitglied Die Gruppe 48 e. V..*

Mein Weg zum Ich

Bis zur Stunde meiner Geburt reichen meine Gedanken nicht zurück. Das habe ich wohl mit den meisten Menschen gemein. Danach scheiden sich vermutlich die Wege der Mehrheit von meinem persönlichen. Mein Leben beginnt ab dem Kindergarten. Dort jedenfalls dachte ich meine ersten, mir nachhaltig bewussten Gedanken, ich, der rational denkende, nüchtern agierende Junge.

Meine morgendliche Gewohnheit, ohne die kein Tag verstreichen durfte: Im Uhrzeigersinn umkreiste ich den Küchentisch, sprang über dortige Stühle, hüpfte auf die Eckbank, und, wehe, es wagte jemand, mich währenddessen unablässig Zählenden zu unterbrechen! Brachte man mich draus, begann ich neuerlich bei eins, das ging bis 1000 und brauchte geduldige Eltern. Ein lautes Kind war ich nicht, renitent auf meine Weise, hartnäckig in dem, was ich wollte. Fiel das Ritual ins Wasser, tanzte ich beim folgenden Kindergartenbesuch aus der Reihe. Bis ins Letzte musste diese Prozedur ausgeführt werden, nur so hielt meine Laune. In mich gekehrt, fokussiert bis ins Mark, kontinuierlich um den Tisch laufend, war ich von meinem Zahlenfluss nie länger abzubringen als für einen Moment. Verrückt nach vorhersehbaren Abläufen waren in Kindergarten und Schule Zahlen meine Muster, jederzeit meinem geistigen Auge präsent, so anwesend vor ihm, wie meinen Kameraden die Eissorten in den Metallboxen der örtlichen Gelateria.

Bis in die Gegenwart sind Zahlen meine Orientierungsmarker. Noch heutzutage geben mir strukturelle Systeme Halt. Zudem sind Zahlen wie Buchstaben mit ihren Bäuchen, Rundungen und Kanten von einer ansprechenden Ästhetik, die ich nicht missen möchte. Messbarkeit, die Menschen in meiner Umgebung eher matert, war mir von jeher begrüßenswert. Zeitlebens hat sich daran nichts geändert. Zahlen und Buchstaben mit ihrer unverhandelbaren Größe machen mir den Alltag mit seinen vielschichtigen Aufgaben erträglich. In Situationen, in denen ich mich entscheiden müsste, aber wieder einmal nicht entscheiden kann, dämpfen sie durch ihr konkretes Wesen mein Stressniveau. Halfen früher allein

Zahlen, jene Qual zu lindern, dienen mir mittlerweile auch Buchstaben als Sedierungsmittel. Je stärker ich belastet bin, desto zahlreicher verfasse ich Kurzgeschichten und multipliziere Zahlen in meinem Kopf, für die andere Menschen Rechner verwenden. Sind mir Zahlen und Buchstaben untertags punktuelle Stützen hinsichtlich einer Reizüberflutung, fröne ich nachts ihrer ausgiebigen, gänzlich überbordenden Beschäftigung. Die nächtliche Dunkelheit ist hierfür angerichtet, ihre Verlassenheit von Menschen und dem mit ihnen einhergehenden Trubel schreit förmlich danach, in mich zu gehen, nachzudenken, so strikt wie ich es mag, so restlos in alle Winkel hinein, wie ich es meiner Grundveranlagung nach brauche.

Zwischenkindlichen Freundschaften war meine Hartnäckigkeit immerfort hinderlich. Einen wie mich, mit felsenfesten Vorstellungen befrachtet, selten von ihnen abrückend, erduldete man mehr, als dass man ihn wirklich mochte. Mit anderen im Sandkasten buddeln. Weshalb sollte ich das tun, wo ich mich doch von Zahlen ungleich angezogener fühlte als von irgendeiner mühsam errichteten, bald einstürzenden Burg aus Sand. Ich beobachtete die Kinder, wie sie siebten, wie ihnen, abgesehen von den in ihren Sieben zurückbleibenden Kieseln, alles verrann.

Während ich missbilligend die anderen Kinder beäugte, wie sie spielten, saß ich am Rand des Sandkastens und jonglierte im Stillen mit Zahlen. Meine wahren Gefährten, denn Zahlen waren und sind für mich tatsächlich welche, addierte und subtrahierte ich. Inzwischen diskutierten meine Altersgenossen bereits, wer zuerst rutschen dürfte, wer eher schaukeln. Nur vorgeblich geistesabwesend, in Wahrheit jedoch liefen meine Denkprozesse auf Hochtouren, hielt ich mich naturgemäß im Hintergrund. Erst lange nach ihnen erhob ich mich von der Sandkastenkante. Jene äußerliche Trägheit quittierten meine Erzieher mit Unverständnis, ganz wie meine Peergroup, das erfuhr ich von meinen Eltern, denn es wurde immer über mich geredet, nie sprachen die Pädagogen mit mir. So mogelte ich mich tagein, tagaus durch den Kindergartenhorror, durch Spielplatzszenen, die ich ohne meine Rechenkonstruktionen nicht hätte aushalten können.

Die Peripherie ist mein Terrain geblieben. Durch eine unsichtbare Scheibe vom eigentlichen Geschehen abgetrennt, bin ich bis in die Gegenwart bei sozialen Anlässen vorrangig Zaungast. Beschallungen, wie sie bei gesellschaftlichen Zusammentreffen auftreten, bedürfen meinerseits mathematischer Ausweichmanöver oder das Durchdenken literarischer Problemkonstellationen, damit ich sie bewältigen kann. Mein reger, mitunter überaktivierter Geist, der stets sämtliche Details einbezieht, lässt mich paradoxerweise retardiert erscheinen. Das pausenlose Fuhrwerken meiner Gedanken ist auch der Grund, warum mich noch hinzukommende Außenreize überfordern.

Schaue ich in meine Vergangenheit, fallen mir die gleichaltrigen Kinder meiner Nachbarschaft ein. Sie entwickelten eine glockenhelle Freude, mich mit zweideutigen Botschaften zu konfrontieren, weil sie wussten, ich würde ihr Anliegen dem Inhalt nach nicht begreifen und demgemäß verwirrt reagieren. Häufig ignorierte man an mir die Beharrlichkeit eines präzisen Denkers, meist belächelte man den stets zu langsam handelnden Geistesmenschen, der untauglich schien für einen Lebensvollzug in der Realität. Eingespannt in die Betriebsmühlen meiner Überlegungen, fielen meine Reaktionen etwas behäbig aus. In meiner vornehmlichen Gemächlichkeit stilisierte man mich zum Prügelknaben, an dem man ablud, was sich im Laufe eines Kindergarten- oder Schultages an Frustration aufgestaut hatte.

Der Eindruck, ich müsste mich den Gepflogenheiten meiner Außenwelt fügen, erzeugte in mir die Befürchtung, mein Wille, der sich fraglos speziell ausgestaltete, werde dadurch gänzlich untergraben. Verstieg ich mich in die Auffassung, ich müsste die Konventionen erfüllen, brachen in mir alle Dämme, ich drohte mir selbst wegzuschwimmen. Bis ich mich davon erholte, dauerte es mitunter mehrere Stunden.

Mein durchgängig kanalisierter Ehrgeiz, Relikt aus meiner Kindheit, ist weiterhin eine Quelle für das Unverständnis meiner Mitmenschen. Selten begreift jemand, dass mir jene Disziplin eine Welt voll von Wirren und Windungen aufschlüsselt, überhaupt erst zugänglich macht. Mein Leben besteht von außen betrachtet bis heute aus Entbehrungen und Verzicht, aus einer genussfeindlichen Askese. Bei meiner Enthaltsamkeit handelt es sich allerdings um nichts Klösterliches. Ich geißle mich nicht im herkömmlichen Sinne durch Fastenzeiten und damit verbundene Diäten. Bei mir sind es Zahlen, es sind Muster, Buchstaben oder das auf einen athletischen Wettkampf zuführende und daraufhin ausgerichtete Sportprogramm, es ist die meist zielgeknüpfte, selten nur auf sich beruhende Abfolge von geistigen Bewegungen und körperlichen Handlungen.

Um mich zu spüren, benötige ich intensive Erlebnisse, die Gelegenheit, in ausgewählten Bereichen Limits zu überschreiten, denn sofern ich Grenzen sprenge, bin ich bei mir. Und dieses In-mir-Wohnen ist wiederum ein Gefühl von Behausung, von Heimat. Auf solche Definitionen bin ich angewiesen, ich bin eben ein Typ, der Listen anfertigt, sie im Gedächtnis protokolliert oder in Papierform führt. Anhand solcher Dokumentationen lerne ich, mich zu verstehen, zu begreifen, was in mir vorgeht.

Sonderbarkeit ist eine Bürde. Wenn alle Anzeichen der Umgebung gegen die eigene Lebensweise sprechen, ist man rasch dabei, seine Persönlichkeit zu verteufeln. Selbst wenn man durch sie niemanden verletzt, stellt man sie an den Pranger. Ist man anders als andere, spürt man Gegenwind. Warum die kalte Front ausgerechnet einem selbst so unbarmherzig ins Gesicht bläst, versteht ein Kind nicht. Verstand ich nicht. Weswegen hätte ich auch verstehen sollen, warum ich als behandlungsbedürftig eingestuft und als störend wahrgenommen wurde?

Jetzt, nach Jahrzehnten, habe ich ein etwaiges Verständnis entwickelt, dass man meine Eigenheiten tolerieren muss. Ich habe meine Defizite akzeptiert. Bedeutet zu reifen nicht auch, verstehen zu lernen, welcher Makel durch keinen noch so heroischen Aufwand behoben werden kann? Den Glauben an eine Magie, die aus mir den Idealmenschen formt, weiß ich endgültig zu verwerfen. Meine Abweichung von der Norm, sie zeigte sich mir im Kindesalter noch recht vage, steht nun ungeschminkt vor mir. Den einstmalig mir so unbestrittenen Satz: „Du bist verkehrt", habe ich aus meinem Repertoire gestrichen.

In den Nächten bin ausschließlich ich selbst mir das Maß aller Dinge. Die Lautlosigkeit ist ein Balsam. Sie ist ein Hort. In stummer Dunkelheit übertreffe ich mich in meinen Leistungen. Früher wurde ich wegen meiner kognitiven Fixierung gehänselt, so etwas prägt, es zwingt zu boxen, irgendwohin. Andere mit schwerwiegender Vergangenheit boxen in einen Boxsack, liefern sich zuweilen Straßenschlachten, ich nutze meine Fäuste für meinen Kampf von Ziel zu Ziel, nie mit geringeren als den allerhöchsten Ambitionen. So gesehen ist das Einzelgängertum mein Tor zur Welt, die Grundvoraussetzung eines mir annehmbaren Lebens.

Viele Jahre versuchte ich, mein Begehren nach Versunkenheit zu verhehlen. Es gilt als unverfroren, wenn man der Gesellschaft auf die Stirn hinsagt, sie wäre einem ein Hemmschuh, man käme ohne ihre ständige kommunikative Bedrängnis viel besser zurecht. Nicht selten wurde ich bezichtigt, sie zu missbrauchen, die meine Wege kreuzenden Menschen zugunsten meiner Zwecke auszubeuten, sie mir nützlich zu machen ohne meine Gegenleistung. Mir entgehen derartige Abgeltungen im Zuge meiner extremen Fokussierung. Soziale Erfordernisse überanstrengen mich. Meine diesbezügliche Tarnkappe wurde mir heruntergerissen. Selbst wenn ich wollte, könnte ich meine Eigentümlichkeiten nicht verbergen. Nicht wenige waren erpicht, mir mein Anderssein zu spiegeln, nicht wenige behaupteten, ich würde ticken wie niemand sonst, dem sie bisher begegneten. Ich sei über weite Strecken nicht gesellschaftskompatibel.

Meine Konzentration, mit der ich mich lieb gewonnenen Tätigkeiten widme, entgeht kaum jemandem. Eine Ressource, die rar geworden ist in einem Zeitalter allumfassender Ablenkung, einer fast durchgängigen Mentalität von Zerstreuung, meine ich. Damit ich vollends in meinen Beschäftigungen aufgehen kann, muss ich den gleichzeitigen Tanz auf mehreren Hochzeiten für mich verneinen. Giere ich schlussendlich danach, mich auf ein Thema zu versteifen, egal beinahe welches? Ist die Ausschließlichkeit der Zuwendung Sinn der Sache, der Fokus, nicht eigentlich der Inhalt? Zählt wirklich nur die Intensität der Eindrücke, die Tatsache, dass etwas Wuchtiges auf meinen Geist einwirkt, wobei das Interesse austauschbar wäre?

Gegen seine Genetik ist der Mensch machtlos. In den Versuchen seitens meiner Lehrer, mir zivilisiertes Benehmen einzurichten, sehe ich nachbetrachtend unrühmliche Domestizierungsabsichten. Das an mich herangetragene Anliegen, zu sein wie Otto Normalbürger, hat meine Anpassungsverweigerung in nie geahnte Höhen geschraubt. Zeitweise fühlte ich mich, als wäre ich ein Kater, der seinen Unrat an ungeeigneter Stelle abgelegt hatte und dafür büßen musste. Die Gewaltherrschaft eines vereinheitlichten Menschenbildes ist eine Seuche. Nie werde ich sein, wie man mich damals haben wollte.

Innerlich spüre ich noch jedes Mal den Widerstand, wenn ich mich an den Schreibtisch setze und über Stunden hinweg meine Ideen abtippe. Gewiss wird meine in Schrift gebannte Revolte eine Überreaktion auf meine Kindheit sein, auf die Tage voll mit Minderwertigkeitsfantasien. Mein Drang nach Erfolg, mit dem, was ich mache, wurzelt in jenen Albträumen. Meiner Einbildung nach löse ich erst durch Trophäen das Ticket, das meine strikte Lebensweise berechtigt. Das Gegenteil allerdings möchte ich mir bewusst machen: Selbst wenn der Aufwand, den ich betreibe, dem spottet, was ich damit erreiche, bin ich an keinerlei Legitimation durch meine Umwelt gebunden. Ein vollwertiger Mensch, das weiß ich jetzt, bin ich auch ohne fremden Applaus. Ich bin nicht zuständig für das seelische

Gleichgewicht meiner Mitmenschen. Dass sie in ihrem Alleinsein Vereinsamung empfinden, damit müssen sie zurechtkommen und nicht ich.

Ehe ich wieder vor dem Bildschirm verweile, in meiner nächtlichen Schreibsitzung fortfahre, prüfe ich meine Whatsapp-Nachrichten, damit ich wenigstens die basalsten Kommunikationsbedürfnisse meiner Nächststehenden befriedige. Nachdem ich jenes Pflichtprogramm hinter mich gebracht habe, kann mich nichts mehr aufhalten. Der nächste Literaturwettbewerb hat seinen Abgabetermin. Solche Termine sind haltgebende Elemente in meinem Leben. Und irgendwie bewilligt jeder vordere Rang bei einem Contest die erschöpfende Auseinandersetzung mit einer Thematik. So sehr ich mich von Abhängigkeiten zu lösen versuche, das innere Kind saugt an mir, es triggert mich, packt mich bei der Ehre, es schreit nach Zuwendung und Anerkennung, weil sie ihm zu Beginn seines Lebens so konsequent verweigert wurden.

Oliver Fahn, *geboren 1980, Pfaffenhofen a. d. Ilm, verfasst regelmäßig Kurzgeschichten für Kulturmagazine und Anthologien.*

Öffne dich

Eine kleine Umarmung, ja,
schenkt dir Liebe, Glück, Zufriedenheit
von Herzen
jeden
Tag,
das ist doch
klar.

Katja Heimberg, deutsche Autorin und Texterin, geboren 1978 in Gronau (Leine) und lebt in Hönze (südliches Niedersachsen). Lyrik, Prosa (Geschichten für Kinder und alte Menschen), Zitate, Aphorismen, Sprüche, Werbesprüche, Kartentexte. Neun eigene Bücher (Lyrikbände, Kinderbücher, Anthologien, Aphorismen Band, Geschenkbuch), drei Kalender, weitere zahlreiche Veröffentlichungen. Ihre Texte beschreiben das „Gefühlte Leben" jedes Einzelnen. Website: www.autorin-katja-heimberg.de

Extremwandern auf Mallorca

Im Frühtau zu Berge wir ziehn, fallera
Wanderlied, Olof Thunman 1879-1944

Dieses Wanderlied beschreibt manch Ablauf von Wanderevents, wie zum Beispiel den Megamarsch Mallorca Spezial presented by Columbia mit 50 Kilometern. Für diese Distanz brauche ich, je nachdem, wie ich drauf bin, zwischen zehn und zwölf Stunden. Mit dieser Zeit gehöre ich noch nicht einmal zu den schnelleren Wanderern unter den Megamarschern. Es gibt Cracks, die einfach noch höhere Tempen wandern können. Für mich reicht diese Zeit. Ich möchte so wandern, dass ich die Gegend noch wahrnehmen kann und unterwegs Spaß habe.

„Spaß haben? Ist diese Autorin verrückt? Wie kann man bei Kilometerlängen dieser Art von Spaß reden?"

Wenn diese Frage bei dem ein oder anderen Leser gerade aufgekommen ist, so kann ich diese verstehen. Auch kann ich Menschen verstehen, die mit Wandern dieser Längen nichts am Hut haben. Der Kölner hat dazu ein passendes Motto: „Jeder Jeck ist anders." Bitte respektiert, dass jeder Mensch andere Grenzen hat. So mag eine Distanz dieser Art für den einen bereits an Raubbau des Körpers grenzen, für den anderen fällt es jedoch aufgrund jahrelangen Trainings noch in den Komfortbereich. So ist es beispielsweise bei mir.

Ich wandere seit 2009 und habe in dieser Zeit den Grenzbereich bis auf 100 Kilometer am Stück (24 Stunden) ausgeweitet. Mein Komfortbereich liegt zwischen Marathondistanzen bis 70 Kilometern. Danach verlasse ich diese Zone und muss hin und wieder mit mir kämpfen. Deswegen bestreite ich längere Distanzen auch nicht allzu oft im Jahr.

Mein Ziel ist der Weg. Nicht, um mit Kilometern oder Leistungen zu prahlen. Ich möchte möglichst viel unterwegs sehen und nette Menschen kennenlernen. Mit diesem Vorwort wünsche ich euch viel Spaß beim Lesen dieser Autobiografie einer Extremwanderin.

Meine Intention des Schreibens zu dem Megamarsch Mallorca Spezial presented by Columbia liegt darin, andere Leser mit auf die Wanderreise zu nehmen und eventuell bei dem ein oder anderen Lust zu wecken, auch mit dem Wandern anzufangen. Es müssen ja nicht gleich 50 Kilometer sein.

Vorbereitung und Hinreise

Wie jeder Marsch beginnt auch dieser mit einem Vorbereitungstraining für mich. Aufgrund jahrelang angesammelter Grundkondition sieht mein Vorbereitungstraining etwas anders aus als für jemanden, der gerade das erste Mal einen 50er macht und stellt kein Optimum für Einsteiger dar.

Hier geht jeder anders heran. Es gibt beispielsweise Wanderer, die kein Training absolvierten und die 50 Kilometer trotzdem schafften. Warum also Vorbereitung? Ich mache dies, um meinen Körper auf diese Art Belastung vorzubereiten und die anschließend einsetzende Regenerationsphase (Erholungsphase) zu verbessern. Diese ist bei jedem anders. Auch können auftretende Symptome der Überlastung hinterher bei jedem anders sein. Muskelkater, Müdigkeit, Hunger, Durstgefühle, alles möglich. Und genau um diese zu verringern oder gar ganz auszubalancieren, mache ich eine Art Vorbereitungstraining in Stufenintervallform und setze mich mit der Anatomie und Physiologie des Körpers auseinander. Denn auch die richtige Ernährung unterwegs kann zu einem Gelingen oder Misslingen führen. Aber von der Ernährung berichte ich dieses Mal nicht. Das würde den Rahmen sprengen.

Kommen wir direkt zum Vorbereitungstraining. Hier möchte ich meinem Wanderbuddy Jörg danken. Er ist ein Freestyler, was Kilometerplanungen angeht. Er braucht sich die Strecken nur anzusehen und hat bereits eine Ahnung, wie lange man ungefähr unterwegs sein wird. So planten wir seit Januar Strecken ab zehn Kilometern bis zu 20 Kilometern. Kürzere Strecken wanderte oder lief ich öfter. Ab dreimal die Woche. Darunter, dazu habe ich sehr oft in Sportzeitungen, Trainingsplänen etc. gelesen, wird der Trainingseffekt nicht einsetzen. Es ist zwar besser, etwas zu tun als gar nichts, aber wenn man den Körper an Leistungen gewöhnen möchte, fängt dies ab zwei- bis dreimal die Woche an. Die entsprechenden Pauseneinheiten lege ich individuell. Hier genauere Vorschläge zu machen, möchte ich ungern, da mein Trainingsplan auch meinen Arbeitsablauf und Alltag mit einbezieht. Dies kann bei jedem anders aussehen.

Ein wenig Bedenken hatte ich, weil ich am Abreisetag noch einen Arbeitstag hatte. So war ich noch bis 21 Uhr bei den Nobeo Studios in Hürth, fuhr von hier aus nach Hause, schlief bis zwei Uhr und packte anschließend meine Mutter und die Koffer in den Wagen. Gemeinsam fuhren wir zum Flughafen. Freie Fahrt unterwegs sorgte für einen halbwegs stressfreien Ablauf.

Am Flughafen angekommen, stellten meine Mutter und ich zusammen fest, dass der Flughafen riesig geworden war. Wir waren vor zehn Jahren das letzte Mal hier. Sonst nahm ich einen, der näher lag. Das ging dieses Mal leider nicht. Halbwegs im Halbschlaf suchten wir den Check-in-Bereich und fanden ihn irgendwann auch. Das Flughafenpersonal war bei Fragen zum Weg sehr hilfsbereit und jeder mehr als freundlich. Einer begleitete uns letztlich. Ich bin sehr dankbar, dass man auf solche Menschen stößt. Leider kenne ich auch andere Erfahrungen. Eingecheckt, ab durch die Sicherheitsschleuse, noch Getränke zum Wachbleiben gekauft, Zeitschriften für meine Mutter, hier und da Fotos gemacht, die ersten Wanderer getroffen, erste Unterhaltungen geführt und dann endlich zur Boardingzeit das Flugzeug betreten. Auf eine Sitzplatzreservierung verzichtete ich dieses Mal und dennoch erhielten wir einen Fensterplatz. Darüber habe ich mich sehr gefreut. Wenn diese Autorin eines liebt, dann ist es das Fliegen. Am liebsten wäre ich früher Flugbegleiterin geworden. Doch damals war ich zu klein. Da ich einmal für Dreharbeiten in einer Flugschule war, durfte ich nach der Landung sogar netterweise in den Cockpitbereich und Fotos mit den Piloten machen. Die Technik, die hier vorzufinden ist, begeistert mich. Ich bewundere diese Menschen, die wissen, wie, wann, wo welcher Hebel oder Knopf zu bedienen ist, um ein Flugzeug sicher zu starten und zu Boden zu bringen.

In Palma de Mallorca angekommen, holten meine Mutter und ich unsere Koffer, bevor wir zu unserem gebuchten Abholbus gingen. Unser Ziel, ein Hotel in Port d'Alcúdia, erreichten wir nach circa einer Stunde Busfahrt. Unterwegs schwärmte meine Mutter bereits von den riesigen Kakteen, die sie von ihrem Platz aus sehen konnte. Das Wetter? Fragt besser nicht. Eine Woche vor dem Flug meine ich etwas über 18 Grad Sonnenschein im Netz gelesen zu haben.

Meine Mutter teilte ihre leichte Enttäuschung über das Wetter mit einem lustigen, ironischen Spruch mit. „Sag mal. Wo sind denn die 18 Grad und die Sonne?"

„Daheim gelassen. Vergessen einzupacken", lautete meine Antwort. Wir entschieden, das Beste aus diesem Urlaub zu machen. Vielleicht würde es ja noch besser werden?

Meine Freude stieg, als ich im Hotel ankam und der Rezeptionist mit einem Päckchen aus dem Seitenzimmer zurückkam. „Eine junge Dame hat das hier vor ein paar Tagen abgegeben", meinte er etwas verwirrt. Er war irritiert, dass ich hier bereits Leute kannte.

Ich ebenfalls. Wer hinterließ mir Geschenke? Die Auflösung stand auf dem Päckchen. Es kam von einer Mitwanderin, die ich bereits am Flughafen in Palma getroffen hatte. Sie konnte leider am Marsch nicht teilnehmen und befand sich auf den Rückflug, während wir unsere Reise erst antraten. Meine Freude teilte ich gleich in der Whatsapp-Gruppe mit und bedankte mich. Genau diese Art ist es, die mich an den Megamärschern fasziniert und mich seit einigen Jahren immer wieder dazu bewegt, an diesen Events teilzunehmen. Ich finde leider keine passenden Worte, um diesen Menschenschlag wiederzugeben. Einmalig, trifft es hoffentlich, um ihnen gerecht zu werden.

Auch hier habe ich in all meinen Jahren die unterschiedlichsten Erfahrungen gemacht, da ich beim Fernsehen unterwegs bin und in Hobbychören singe. Dankbar bin ich, dass ich bisher von Wanderern noch nicht in Schubladen gesteckt worden bin. Wenn mich eines stört, dann ist es, von Menschen vorschnell eingeschätzt zu werden. Das geht bei mir generell daneben. Für manche Menschen braucht man etwas Zeit, um Tiefen kennenzulernen. Auch kann ein zweiter oder gar dritter Blick nicht schaden. Ich gehöre zu diesen Menschen. Aber genug davon. Zurück zum Urlaub, zum Hotel und zum Marsch.

Das Hotel machte unsere Anfangsenttäuschung über das Wetter wieder wett. Wir hatten ein Apartment mit Küchenecke, drei Zimmern und Balkon mit Blick auf den Poolbereich erhalten.

Bei unserer Ankunft stießen wir mit einem Glas Sekt an. „Ist es für dich in Ordnung, wenn ich eine zehn bis 15 Kilometerwanderung mache und wir anschließend shoppen gehen?", fragte ich meine Mutter. Ich machte mir gegenüber meiner Mutter schon sehr viele Gedanken. Sie ist etwas älter und nicht mehr die Fitteste. Gesundheitlich war ich mir nicht sicher, ob die Reise nicht zu viel sein oder die Idee nach hinten losgehen könnte. Aber es schien ihr sehr gut zu tun, etwas wärmeres Wetter vorzufinden als bei uns daheim. Wenn auch erst mal bewölkt mit Aussicht auf Regen.

„Du kannst gerne deine Wanderung machen. Ich erhole mich von der Anreise, schaue fern und genieße das Apartment", so die Rückmeldung.

Im Nu war mein Koffer ausgepackt, der Wanderrucksack fertig umgepackt und die Wandersachen angelegt. Das erste Ziel war Bon Aire. Bon Aire ist ein magischer Küstenort, der von Palmen und mediterranen Gewächsen umgeben ist. Ich wanderte bis zu dem kleinen Jachthafen. Wohnbauten, die ich unterwegs sah, ließen auf privilegierte Besitzer schließen. Die ganze Natur und das Meer um Bon Aire luden zum Träumen ein. Es wirkte so auf mich, als wäre die Zeit einfach stehen geblieben. Und genau das war es, was ich suchte. Eine Auszeit vom Alltag. Den Gedanken freien Lauf lassen können. Anregungen für meine Fantasie suchen. Die erste Wanderung nach Bon Aire hatte all dies bereits erreicht. So trat ich den Rückmarsch zum Hotel an.

Nach einer kurzen, warmen Dusche wechselte ich zu Alltagskleidung und spazierte mit meiner Mutter zum Strand, der keine 500 Meter vom Hotel entfernt war. Port d'Alcúdia ist ein alter Fischerort im Norden der Badia d'Alcúdia. Der Sandstrand, der sich hier erstreckt, ist über zehn Kilometer lang. Die Wasserqualität brachte der Region übrigens den Titel *das Blaue Band von Europa* ein. Unmittelbar am Strand entlang führte uns ein Fußweg zum Hafen von Alcúdia. Dort fanden wir ein Restaurant mit spanischer Paella. Ein Gaumenschmaus! Was kann es Schöneres geben, als seinen Geburtstag auf diese Art zu feiern? Doch wie es nun einmal so ist, so war der erste Tag schneller vorbei, als man ihn gerade mal wahrnehmen konnte.

Warm-up-Phase vor dem Marsch – Wanderung nach Port Pollenca

Am zweiten Tag frühstückten meine Mutter und ich ausgiebig, bevor ich meine Wandersachen erneut packte und dieses Mal Richtung Port

Pollenca marschierte. Diese Tour sollte um die 20 Kilometer lang werden und eine Art Warm-up für den Megamarsch sein. Hierzu möge erwähnt sein, dass das Landschaftsbild der Nordostküste Mallorcas durch die beiden Buchten von Alcúdia und Pollenca bestimmt werden. Trotz manch unübersehbarer Bausünden erfreute sich mein Auge an den weiten Sandstränden, so wie an dem, der sich entlang meiner Tour zog. Eine Art Gebäudeskyline ließ Pollenca schon aus weiter Entfernung erkennbar werden. Lange verweilen konnte ich hier nicht, da ich meiner Mutter im Anschluss der Wanderung eine Shoppingtour versprochen hatte. So dreh-

te ich direkt am erreichten Stadtrand von Pollenca wieder um. Meine Rücktour ging durch Alcúdia hindurch. Die Stadt Alcúdia ist wahrscheinlich eine der ältesten Siedlungen von Mallorca. Der römische Einfluss von früher war beim Durchgehen an der Bauart zu erahnen. Die Stadtmauer, die Alcúdia umgab, wurde im Laufe der Jahrhunderte wohl mehrfach verstärkt, aber sie blieb bis heute sehr gut erhalten. Ein Bummel durch die schmalen Gassen der Innenstadt beflügelte abermals meine Fantasie. Unterwegs traf ich noch auf eine andere Megamarschteilnehmerin, die im Supermarkt einkaufen war. Dankbar

über nette Gespräche begleitete ich sie bis zum Hafen, bevor sich unsere Wege wieder trennten. Leider war auch dieser Tag wieder viel zu schnell vorbei.

Megamarschevent

Am eigentlichen Wandereventtag stand ich um sechs Uhr morgens auf. Früh? Ein altes Sprichwort sagt: „Nur der frühe Vogel". Den Rest könnt ihr euch denken, wenn ihr das Sprichwort kennt. Ich bin nicht wirklich eine Frühaufsteherin, doch wenn man etwas erleben möchte, geht es manchmal nicht anders. Regenwetter dämpfte meine Motivation ab dem Start an einem Hotel für die ersten drei Stunden, bis er endlich etwas nachließ und die ersten Sonnenstrahlen durch die Wolkendecke brachen. Zu diesem Zeitpunkt erreichte ich die zweite Verpflegungsstelle am Mirador de la Victoria. Das ist ein Aussichtspunkt mit einem Restaurant und liegt etwa 150 Meter über dem Meeresspiegel. Hier galt es auch, eine etwas größere Steigung zu überwinden, bevor wir Wanderer unsere Verpflegung genießen konnten. Ich habe diese Steigung nun schon das dritte Mal hinter mir gelassen und wurde jedes Mal aufs Neue mit einer tollen Aussicht vor dem Verpflegungspunkt belohnt. In den vorherigen Wanderjahren liefen hier auch vereinzelte Bergziegen herum. Sie störten sich nicht an menschlichen Besuchern. Leider war von ihnen heute nichts zu sehen. Vielleicht lag es am Wetter? Wer weiß! Nach einer angenehmen Pause ging es weiter. Sandstrände und bezaubernde Buchten luden zu Fotostopps ein, bevor es irgendwann Richtung Alcúdia zurückging. Fotos lassen erkennen, dass das Wetter um einiges besser aussah als die Fotos der ersten beiden Tage. So kann es unterwegs sein. Wir Wanderer sagen, dass es kein schlechtes Wetter gibt, sondern nur schlechte Kleidung. Da ich im Zwiebellook unterwegs war, war das T-Shirt unter Langarmshirt, Zwischenjacke und Regenjacke noch trocken. So lässt es sich für mich eigentlich gut lange wandern. Nur die Frisur war hinüber … Doch darauf hat man keinen Einfluss. Und letztlich möchte ich keinen Schönheitswettbewerb unterwegs gewinnen. Nach vielen angenehmen Unterhaltungen mit Teilnehmern unterwegs erreichte ich den letzten von vier Verpflegungspunkten, die vom Megamarschteam aufgebaut wurden. Ein großes Lob an die Organisatoren für die gute Versorgung und an alle Helfer, die uns Teilnehmer mit versorgen.

Nach der Verpflegung ging es zum Strand von Alcúdia zurück und irgendwann erreichte ich am Abend glücklich, wenn auch etwas müde, das Ziel. Ich erhielt eine eindrucksvoll gestaltete Medaille, meine Auszeichnung für den absolvierten Lokalmatador (dreimal in Alcúdia mitgewandert) und ließ mich wie ein Stein ins Bett fallen.

Worüber ich dieses Mal etwas grinsen muss. Am zweiten Tag war nichts von Muskelkater zu spüren. Darüber war ich glücklich, da es die Heimreise etwas erleichterte. Aber am dritten Tag meldeten sich meine Pobacken. Warum gerade diese? Da hätte ich eher noch mit Muskelkater in den Beinen gerechnet. Diese waren im Gegenzug muskelkaterfrei. Auch hatte ich keine Blasen am Fuß dank Kinesotapes und Wrightsocks. Für Wanderer nur zu empfehlen.

Ich hoffe, ich konnte euch mit auf meinen Weg durch Mallorca entführen und wünsche allen Lesern viel Spaß bei Urlaubsunternehmungen, die glücklich machen. Vielleicht auch auf Mallorca beim Wandern?

Vanessa Boecking: *Autorin verschiedener Genres. „Damian, der Zauberer", (Fantasy), „Osiris, die Supermumie" (Fantasy).*

Enchanté

Rhythmus und Melodie bist Du geworden
Abgelegt hast Du die schützende Schale,
vertraute Begleiterin auf bisherigen Wegen.
Deine nunmehr verletzbare Seele segelt
Über tiefe Stellen im unbekannten Meer
Und umkreist Klippen, die sich auftun.
Dein Weg ist leicht, beflügelt,
Verloren die Erdenschwere!
Du teilst und empfängst
Endlich einmal mehr.

Dein Gesicht spiegelt das Glück,
Das Dich auf die Bühne hebt
Die Leben verzaubert.
Neben Dir stehend
Blickst Du zurück
Und findest Dich
in ein anderes,
leuchtendes
Licht getaucht.

Volkmar Trepte, geboren 1947, hat Psychologie studiert, lebt in der Seestadt Bremerhaven und in Thiéfosse (Vogesen, Frankreich), schreibt Gedichte und Kurzgeschichten, hat in Anthologien und literarischen Zeitschriften veröffentlicht, mag den salzigen Duft und den unerbittlichen Gegenwind am Deich an der Nordseeküste, wie auch die unzähligen unterschiedlichen Ansichten, die sich bei Bergwanderungen eröffnen.

Regenbogenfarbene Angst

Angst – ein großes Thema.
Mein Leben lang.
In mir selbst und auf der ganzen Welt.

Ich will sie nicht.
Die Angst lächelt.

Ich will nicht, dass sie lächelt.
Sie kommt einen Schritt auf mich zu.

Will ich auch nicht. Sie soll gehen.
Sie setzt sich in gewissem Abstand vor mich auf den Boden.

„Gut", sage ich.
Meine Angst sackt in sich zusammen.
„Was ist denn nun?", frage ich.

War ich gerade noch froh, dass meine Angst etwas Abstand genommen
hat und Ruhe gibt …, so werde ich jetzt traurig, als ich dieses zusammen-
gesackte Häufchen Elend auf dem Boden sitzen sehe.

Da muss wohl mal wieder ein inneres Gespräch her.
Manchmal hilft es ja auch, laut zu sprechen.

Die Angst schüttelt den Kopf. Sie will nicht reden.
Sie sagt nur einen kurzen Satz, der mich heute zutiefst berührt:
„Lass mich einfach da sein."
„Gut," sage ich wieder. „Bleibe einfach da sitzen. Es ist okay. Du bist
okay." Und dann grinse ich wie ein Honigkuchenpferd, bekomme eine
mörderisch gute Gänsehaut und mein Herz geht auf. Weit, weit auf. Denn
die schwarze Gestalt der Angst verwandelt sich in eine kunterbunte regen-

bogenfarbene Gestalt. Sie strahlt. Sie läuft auf mich zu. Stoppt. Sagt einfach nur: „Danke", schlägt ein Rad und setzt sich wieder hin. Irgendwie wirkt sie jetzt glücklich und zufrieden.

Ich weiß mal gerade wieder nicht so recht, was hier geschieht. Bin tief berührt. Wie so oft, wenn es innere Dialoge und diese bunten, inneren Bilder gibt.

Ich bemerke, wie sich mein Herz sich öffnet.
Die Liebe kommt heraus.
Geht zur Angst hinüber und nimmt sie an die Hand.

Ich lasse es zu, dass die beiden gemeinsam in meinem Herzen verschwinden. Ich stelle Musik an. Meine bewährte Fahrkarte zu weiteren, tiefen Gefühlen.

Angst und Liebe tanzen in meinem Herzen.
Eng umschlungen.
Dann wieder getrennt.
Jeder dreht für sich Pirouetten.
Sie vereinen sich.
Zerfließen.

Und mit den letzten Tönen dieses wunderschönen Liedes verneigen sie sich voreinander. Ganz liebevoll und sanft. Sie reichen sich die Hände und strahlen mich an.

„Freunde", denke ich.
Als Antwort kommt kein Wort, sondern ein Gefühl von Wärme, Verbundenheit und großem Glück. Und ich spüre meine Seele. Sie steht hinter mir und umarmt mich liebevoll und voller Dankbarkeit.
Dass ich das erleben darf!

Stefanie Bräunig schreibt seit einigen Jahren Kurzgeschichten und Gedichte. Manche davon fallen dabei geradezu vom Himmel. Andere entfalten sich zu den Tönen der Musik. Auf ihrer eigenen Website (herzensgut-do.de) teilt sie ihre Gedanken und Erlebnisse in Form von Texten, selbst gemalten Bildern und Fotografien.

Das Glück

Das Glück verhält sich geheimnisvoll.
Es ist aus heiterem Himmel plötzlich da.
Doch lässt es sich nicht davon abhalten,
in ein Land aufzubrechen, das keiner sah.

Das Glück, so zart und leichtfüßig
wie ein Schmetterling, macht nur kurz Halt.
Man fühlt und genießt die Anwesenheit.
Aber niemand kennt des Glückes Gestalt.

Das Glück ist wie ein Sonnenstrahl
und durchbricht der Wolken graue Wand.
So leichtfüßig, wie es kam, entflieht es
und leider greift in die Leere unsere Hand.

Das Glück fühlt sich immer wieder
so schön wie der Himmel auf Erden an.
Es verliebt sich in den Augenblick
und bricht sich ganz unerwartet die Bahn.

Das Glück lässt sich nicht steuern,
denn es fährt am allerliebsten Achterbahn.
Kaum ist man sich dessen bewusst,
kommt man schon wieder auf der Erde an.

Das Glück liegt vielfach am Weg.
Sieh' einfach ein goldenes Herbstblatt an!
Möge Dich das Glück dabei berühren,
wenn Dich dessen Farben ziehen in Bann.

Sieglinde Seiler wurde 1950 in Wolframs-Eschenbach geboren.

Angst war gestern

„Wo bin ich?", geht es ihm durch den Kopf. Nur mit Mühe kann er seine Augen öffnen, alles ist verschwommen. In seinem Kopf dröhnt es. Er hat das Gefühl, als wolle sein Kopf zerspringen. Vor seinen Augen sah er einen Schatten.

Er hörte eine Frauenstimme: „Guten Morgen. Wie geht es ihnen?"

„Wo bin ich?", fragte er leise.

Die Frau tupfte ihm mit einer nassen Kompresse die trockenen Lippen. „Sie sind im Krankenhaus. Machen Sie sich keine Sorgen, es ist alles in Ordnung. Der Doktor kommt gleich."

Das Klopfen in seinem Kopf wurde stärker. Was war geschehen? Er konnte sich nicht erinnern. Die Gedanken hämmerten. Doch plötzlich sah er alles klar vor sich. Er war am Abend zeitig zu Bett gegangen und wollte noch lesen. Aber die Buchstaben schwammen ihm vor den Augen. Seine Gedanken waren woanders. Er hatte Ängste, die ihn schon seit Längerem plagten.

Durch Mobbing, mit noch nicht einmal fünfzig Jahren, zum EU-Rentner geworden, seine Frau arbeitssuchend und zwei halbwüchsige Söhne, die noch der Hilfe der Eltern bedurften. Wie sollte er seine Familie versorgen, denn das Geld war knapp. All diese Dinge schwirrten in seinem Kopf. Ja, wie sollte es nur weitergehen. Sein Körper fühlte sich wie ein aufgeblasener Luftballon an, der jeden Augenblick zu zerplatzen drohte. Von einem dunklen Abgrund umgeben waren die Worte: „Ich kann nicht mehr."

Nun lag er in der Klinik, fühlte sich hundeelend und schüttelte mit dem Kopf. Er konnte nicht begreifen, was eigentlich geschehen war. Eine Sekunde kopflos.

Wie sollte er seiner Frau in die Augen schauen? Wie es seinen Kindern erklären? Wie würde es weitergehen?

Auf alle diese Fragen wusste er im Moment noch keine Antwort. Eines war ihm aber klar geworden. Er war im Abgrund noch nicht angekommen – und das war gut so.

In diesem Augenblick klopfte es an der Tür. Eine freundliche Frau in seinem Alter trat an sein Bett. „Ich bin Ihre Ärztin, Dr. Unger. Wie geht es Ihnen?" Sie schaute auf die Armaturen und Geräte. Es schien alles in Ordnung zu sein. Da er schwieg, sagte sie: „Ruhen Sie sich erst einmal aus. Sie haben alle Zeit der Welt." Sie griff nach seiner Hand, um ihn zu beruhigen. Als die Ärztin das Zimmer verlassen hatte, schloss er die Augen und fiel in einen unruhigen Schlaf.

Er erwachte, als ihm jemand sanft über den Kopf strich. Es war seine Frau. Er schämte sich, weil er nicht wusste, wo er hinschauen, geschweige denn, was er sagen sollte. Es war auch nicht notwendig. Mit verweinten Augen strich ihm seine Frau die Wangen und flüsterte: „Wir schaffen es. Wir sind eine Familie und halten zusammen."

Er nickte.

Als seine Frau später gegangen war, begann er, über Vergangenes nachzudenken, wie eigentlich alles angefangen hatte.

Beide hatten in der DDR ein Studium absolviert und sich eine gute Zukunft aufgebaut. Er als Produktionsleiter in einem Schulspeisungsbetrieb, verantwortlich für täglich 5000 Portionen Essen. Sie arbeitete in einem bäuerlichen Bezirksvorstand. Beide Betriebe existierten nach der Wende nicht mehr. So fuhren seine Frau und er in dieser Zeit immer der Tätigkeit hinterher. Er als Koch, sie als Putzfrau, großenteils aber ohne Arbeit. Sie versuchten, ein menschenwürdiges Leben zu meistern. Ihren Kindern konnten sie wenig bieten, wollten sie es aber nicht spüren lassen. Dies hatte in den vielen Jahren nervlich seine Spuren hinterlassen, so auch die vielen Wohnungswechsel und die damit ständigen Schulwechsel für seine Söhne.

Eine neue Arbeitsstelle als Koch in einem kleinen Landhotel mit eigener Metzgerei war dann seine Hoffnung. Der Chef, ein uriger Metzgermeister, stellte ihn sofort ein, die Bezahlung weit über Tarif. Sollte sich das Blatt wenden, konnte er jetzt seiner Familie ein weitgehend normales Leben bieten? Fragen über Fragen.

Was gut begann, nahm ein schlimmes Ende. Ein Familienbetrieb, in dem die Frau des Chefs für die Küche verantwortlich war. Sie war keine gute und freundliche Chefin, was er immer mehr zu spüren bekam. Eine große Speisenkarte an einem Tag auswendig lernen, unmöglich. Schon am ersten Arbeitstag musste er öfter nachfragen, wofür er böse Blicke und barsche Antworten bekam. Er fand das unfair, was er ihr auch zu verstehen gab. Dies blieb natürlich auch seinem Chef nicht verborgen, der ihm sagte, dass man eine gewisse Einarbeitungszeit benötigte. Es war für den Mann keine leichte Arbeit in dieser angespannten Situation, zumal er später erfuhr, dass es zwischen Chef und Chefin zu Auseinandersetzungen gekommen war.

Das war der Anfang eines zweijährigen Mobbings. Nichts konnte er richtig machen. Die alkoholabhängige Chefin schikanierte ihn bis aufs Blut. So konnte er keine Rühreier machen, nicht richtig Hochdeutsch sprechen, wurde als OSSI bezeichnet. Das legte sich auf die Seele des Mannes. Schweißgebadet wachte er nachts auf, immer in Gedanken: Was wird wohl morgen sein?

Er trug sich mit den Gedanken, diese gut bezahlte Arbeit aufzugeben, doch sein Chef bat ihn, zu bleiben, er hatte Vertrauen zu ihm. So ging es über zwei Jahre. Albträume, Kopf- und Gliederschmerzen, Appetitlosigkeit, Gewichtsverlust, unkontrollierbare Weinkrämpfe. Nervenzusammenbruch und Klinikaufenthalt waren die Folge. Eine mehrmonatige Krankheit führte dann doch zur Kündigung. Er fand später zwar wieder Arbeit, aber die Angst zu versagen, trat immer mehr in den Vordergrund. Dies alles führte zur dauernden Erwerbsunfähigkeit und zur Rente. Wieder am Ende, Verpflichtungen gegenüber der Familie, keinen Ausweg sehend, unternahm er einen Suizidversuch mit Tabletten. Nun lag der Mann im Krankenhaus, weil ihn seine Frau rechtzeitig gefunden hatte. Eine schwierige Zeit stand der Familie bevor.

Er kam in eine psychiatrische Klinik. Er hatte furchtbare Angst, weil er nicht wusste, was ihn dort erwartete. Seine Zweifel waren unbegründet. Die Mitarbeiter und Patienten der Station begrüßten ihn freundlich und zeigten ihm alles. Die ersten Tage waren für den 50-Jährigen nicht einfach. Einzel- und Gruppengespräche über was, wie, warum wirbelten seine Seele durcheinander.

Doch allmählich gewöhnte er sich an die neuen Tagesabläufe. Er war unter Patienten, die ähnliche Probleme hatten. Man half sich gegenseitig und so fand man auch wieder Freude. Nach zehn Wochen konnte er zurück zu seiner Familie. Hier freute man sich auf ihn, doch bei ihm, seiner Frau und den Söhnen musste ein Umdenken erfolgen. Ihm Vorwürfe zu machen, war nicht der richtige Weg. Alle mussten lernen, mit dieser Krankheit umzugehen. So ging es auf und ab, noch weitere Klinikaufenthalt folgten, da ihn die Depressionen und Ängste über die Zukunft einholten. Fragen über Fragen, die in langwierigen Therapien behandelt werden mussten. Richtige Medikamentendosierung gepaart mit dem Besuchen einer Selbsthilfegruppe oder Wandern in einem Wanderverein waren Ansätze für eine Erfolg versprechende Behandlung. Das Wandern auf Berge in der Rhön machte ihm besonders viel Spaß. Dabei flüsterte ihm, inzwischen 57 Jahre alt, eines Tages ein Männchen ins Ohr: „Schreib auf, was du erlebt hast." Gedichte über Natur und Wanderungen entstanden. Aber auch seine Ängste und Alltägliches, was seine Seele belastete, verarbeitete der Mann so.

Im Internet entdeckte er eine Ausschreibung zu einem Gedichtwettbewerb. Er reichte eines seiner Gedichte ein. Mit Freude und zu Tränen gerührt bekam er die Nachricht, dass sein Gedicht der Jury gefiel und dieses in einem Buch erscheinen sollte. Das machte ihm Mut, dieses Talent weiter zu pflegen. Neben den vielen Gedichten über Natur, Liebe, Angst und Gesellschaft entstanden nun auch Kindergeschichten. Eine Auswahl davon wurde in Büchern veröffentlicht. Auch in Internetforen präsentierte er seine Gedichte und trat in einen Erfahrungsaustausch mit anderen Autoren. Im Eigenverlag stellte er seine Gedichte und Geschichten in Büchern zusammen. Als Geschenke überraschte er damit seine Familie, Verwandte und Freunde. Sein seelischer Zustand wurde immer besser, aber sich auch vor Augen führend, dass ein auf und nieder nicht ausgeschlossen ist.

Heute, mit fast siebzig, kann er ein weitgehend normales Leben führen und ist er der Meinung: „ANGST WAR GESTERN".

Dieter Geißler, *geboren 1954 in Weimar, Ausbildung zum Koch, danach Studium an der Fachschule für Gaststätten- und Hotelwesen Leipzig. Heute lebt der Rentner in Frankenheim, in der „Hohen Rhön". Durch eine Krankheit kam er mit 57 Jahren zum Schreiben. Er verfasst Gedichte und Kindergeschichten. In verschiedenen Verlagen wurden von ihm Gedichte und Kindergeschichten veröffentlicht.*

Ingrid Geißler, *geboren 1955 in Birx, Ausbildung zum Wirtschaftskaufmann, danach Studium an der Agrar-Ingenieur-Schule in Weimar. Heute lebt die Rentnerin in Frankenheim in der „Hohen Rhön". Sie lektoriert und unterstützt ihren Ehemann beim Verfassen seiner Gedichte und Geschichten.*

Vom Glück erzählt

Was Glück ist, passt in eine Hand, zwischen fünf Finger,
vier Finger,
drei Finger,
zwei Finger,
auf einen Finger
oder nimmt alles ein,
dein Zuhause,
das ganze Land,
die ganze Welt,
ganz individuell,
einzigartig,
ist es von Dauer oder nur ein Hauch der Zeit,
denn Glück ist nicht gleich Glück, sollte bedacht sein,
es kommt bei ihm nicht auf seine Menge an,
sondern auf das, was sein Empfänger aus ihm macht.

Tim Tensfeld, geboren 1999 in Bad Oldesloe, Schleswig-Holstein. Er lebt derzeit in Nusse im ländlichen Herzogtum-Lauenburg und ist ein junger deutscher Schriftsteller und Lyriker. Tensfeld wuchs in Trittau im Kreis Stormarn auf. Mit 15 Jahren kamen die ersten Schreibversuche und einige Kurzgeschichten entstanden. Zunächst sozialkritische Texte für Jugendliche und Erwachsene und später auch Geschichten für Kinder. Seit Oktober 2021 veröffentlicht er regelmäßig Kurzgeschichten und Gedichte in Literaturzeitschriften und Anthologien. 2022 erhielt er den Preis „Die Feder 2022" von der Hanns-Seidel-Stiftung e.V. in München. Mehr über Tim Tensfeld unter www.autorenwelt.de/person/tim-tensfeld.

Der Sommer meiner Kindheit …

Meine Großeltern waren für mich ganz besondere Menschen …

In der heutigen Zeit, die von Hast und Lärm geprägt ist, erinnere ich mich noch oft an meine Großeltern. Von ihnen bekamen meine Geschwister und ich die Aufmerksamkeit, die unsere Eltern uns oft nicht geben konnten. Oma und Opa hatten das wertvollste Gut, was vielen Eltern, früher und auch noch heute, fehlt – Zeit …

Wenn meine Geschwister und ich aus der Schule kamen, blieb uns nicht viel Zeit zum Spielen. Jeder von uns bekam eine Aufgabe zugeteilt. Meine Brüder fegten den Hof und fütterten die Hühner und die Kaninchen. Ich half meiner Mutter bei der Gartenarbeit und beim Kochen.

Ungeduldig warteten wir stets auf die Schulferien. In dem alten Haus, am Rande des Waldes, in dem meine Großeltern lebten, durften meine Geschwister und ich so manches Mal die Sommerferien verbringen. Das kleine Haus stand abseits der Dorfstraße und wurde eingerahmt von einem wunderschönen Garten mit vielen alten Obstbäumen. Auf der nahe gelegenen Weide grasten Schafe und Ziegen. Ich tollte mit meinen Geschwistern auf der Wiese umher und wir spielten Verstecken oder Gummitwist. Neben der verwitterten Haustür blühte ein weißer Fliederbusch, der im Frühjahr Tausende von Bienen anlockte. Der Garten meiner Großeltern war im Sommer ein Paradies für uns Kinder. Nie war ich so glücklich wie in den Ferien bei Oma und Opa.

Abends, wenn die Sonne unterging, trieb der Bauer seine Kühe durch das Dorf zum Stall. Die Kinder aus der Nachbarschaft liefen ihnen nach. Und wenn wir später müde und hungrig nach Hause kamen, duftete es aus der Küche nach Bratkartoffeln und frischem Apfelmus. Meistens saß Großvater bereits am Tisch und blickte uns über den Rand seiner Brille tadelnd entgegen, wenn wir beim Spielen wieder einmal die Zeit vergessen hatten. Doch das Blinzeln seiner Augen verriet mir, dass er uns nicht böse war. Und wenn Oma uns zum Nachtisch ein Brot dick mit Margarine bestrich und Zucker darauf streute, war die Welt für uns wieder in Ordnung. Wir fühlten uns geborgen – in dieser kleinen, heilen Welt.

Heute weiß ich, dass es sie gab – trübe Regentage, heftige Gewitterstürme und kalte Nächte …

In meiner Erinnerung jedoch waren die Sommertage für mich und meine Geschwister unbeschwert und fröhlich. Die Sonne brannte heiß vom wolkenlosen Himmel und die Luft flimmerte vor unseren Augen. Wir lagen im Schatten der mächtigen Kastanie und sahen den Bienen zu, die in den Blumenkelchen nach Nektar suchten. Das träge Summen der fleißigen Tierchen machte uns müde und nicht selten fielen uns irgendwann die Augen zu. Ich träumte von Elfenkindern, die in dem alten Pflaumenbaum wohnten und über Zauberkräfte verfügten. Leider habe ich eines dieser Elfenkinder nie zu Gesicht bekommen.

Mein Opa war ein sehr weiser Mann. Er sagte oft: „Willst du mitessen, so musst du auch dreschen." Als Kind habe ich das nie verstanden. Heute weiß ich, was er meinte. Jeder sollte dazu beitragen, dass alle Menschen satt werden.

Meine Großeltern hatten nicht viel Geld und dennoch waren sie zufrieden mit dem, was sie besaßen. Opa war handwerklich sehr geschickt und baute viele Dinge, die in der Landwirtschaft benötigt wurden, selber. Jeden Morgen, wenn die Sonne ihre ersten Strahlen über das Land schickte, fuhr er mit seinem alten, klapprigen Fahrrad durch das Dorf, immer auf der Suche nach Arbeit.

Oma baute im Garten Gemüse an und im Herbst wurden zentnerweise Kartoffeln eingekellert. Sie strickte aus Schafwolle für uns Kinder Pullover und Strümpfe. So lernten wir von klein auf, dass man vieles, was die Natur uns schenkt, verwerten kann. Sie machte uns auf das aufmerksam, worauf es im Leben wirklich ankommt.

Die Sommerferien bei meinen Großeltern gehören zu meinen glücklichsten Kindheitserinnerungen, und ich frage mich – wo ist es geblieben – das Glück meiner Kindheit? Kann ich es irgendwann zurückholen?

Doch die Wirklichkeit wird irgendwann zur Erinnerung …

Noch immer esse ich Bratkartoffeln mit Apfelmus für mein Leben gerne, doch hat es nie wieder so gut geschmeckt wie damals in der Küche meiner Großeltern. Den Duft reifer Erdbeeren und den Geruch üppig blühender Rosen habe ich noch heute in der Nase.

Als meine Großeltern starben, ist die Welt um mich herum etwas kälter geworden. Das kleine Haus mit dem verrosteten Gartentor am Rande des

Waldes gibt es nicht mehr. Ich gehe die Straße entlang, um nach dem Ort meiner Kindheit zu suchen.

Ich finde ihn nicht mehr …

Doch wenn ich meine Augen schließe, träume ich mich zurück in den Sommer meiner Kindheit.

__Helga Licher__ wurde 1948 in einem kleinen Ort am Rande des Teutoburger Waldes geboren. Die Autorin findet die Ideen für ihre Geschichten und Romane im Alltag oder bei langen Spaziergängen an der geliebten Nordseeküste.

Angekommen?

Der Weg war lang
und voller Steine
Oft saß ich hier
am Rand alleine!

Die falsche Richtung,
schnell genommen,
und nicht am Zielort
angekommen!

Zu schnell gelaufen,
ohne denken,
losgefahren,
ohne lenken!

Zu lang gezögert,
Chance verpasst,
zu viel geschleppt,
die große Last!

Angekommen?
Noch lange nicht.
Wo will ich hin?
Ich weiß es nicht!

Dörte Müller, *geboren 1967, schreibt und illustriert Kinderbücher. In ihren Geschichten dreht sich vieles um die Suche nach dem Glück. Sie selbst findet es im verschneiten Winterwald, am Meer oder in einer Bucht am Rhein.*

Hermann Hesse
und mein Meditationsplatz

Mir aber liegt einzig daran, die Welt lieben zu können, sie nicht zu verachten, sie und mich nicht zu hassen, sie und mich und alle Wesen mit Liebe und Bewunderung und Ehrfurcht betrachten zu können.[1]

Diese Textstelle aus Hermann Hesses Roman *Siddhartha* habe ich zum ersten Mal mit 19 Jahren gelesen. Ich hatte mein Abi frisch in der Tasche, war im Urlaub und lag an einem Pool. Eigentlich hätte ich mit meiner Situation ganz zufrieden sein können. Aber seltsamerweise war ich wütend. Und das schon eine ganze Weile. Wütend auf die Welt. Auf die Menschen. Und auf mich selbst.

Das Zitat aus Siddhartha zu lesen, hat sich angefühlt, als würde sich ein verschwommenes Bild plötzlich scharf stellen: Was Hesse da beschreibt – genau das wollte ich auch. Ich hatte nur noch nicht die Worte dafür gefunden. Als ich aus dem Urlaub zurück war, habe ich den Text abgetippt, ausgeschnitten und an meinem Meditationsplatz an die Wand geklebt.

Warum war ich damals überhaupt so wütend? Ich glaube, es hatte damit zu tun, so viel Leben vor mir zu haben und es irgendwie füllen zu müssen. Entscheidungen zu treffen, von denen ich keine Ahnung hatte, ob sie die richtigen sind. Klar, daran kann man wachsen. Mich hat es überfordert.

Leider hat der Text an meinem Meditationsplatz daran zunächst nicht so furchtbar viel verändert. Zu wissen, wohin ich mich bewegen wollte, hat nämlich dummerweise noch nichts bewegt.

Zum Glück trifft man im Leben aber manchmal auf Menschen, die verstehen können, womit man sich gerade herumschlägt. Und die diese besondere Gabe haben, einem vermitteln zu können, wie man mit dem Kämpfen aufhört und weitergeht.

Einen solchen Menschen habe ich mit Anfang 20 in meinem Medizinstudium kennengelernt. Eine Ärztin, die in meinen Augen den Satz von Hesse in ihr Leben und ihr ganzes Wesen integriert hat, wie ich es nicht für möglich gehalten hätte. Die meine Mentorin geworden ist in beruflichen wie privaten Dingen und die mir gezeigt hat, wie man diese tiefe, mitfühlende Haltung sich selbst und anderen gegenüber entwickelt. Und dass man eine Wahl hat, welchen Gefühlen man in sich Raum gibt.

Um es vorwegzunehmen: Ich habe den Zustand aus Hesses Zitat nicht erreicht. Aber ich bemühe mich. Und komme ihm näher. Meine Mentorin ist mittlerweile über 70 und ihr Blick wird ganz weich und ihre Augen leuchten, wenn ich ihr sage, wie dankbar ich ihr dafür bin, was sie so alles in mir in Bewegung gesetzt hat.

Das Hesse-Zitat hängt übrigens nicht mehr an meinem Meditationsplatz. Vor vielen Jahren habe ich es abgehängt in einer Phase, in der ich der Meinung war, dass ich ein hoffnungsloser Fall bin. Als ich später bemerkt habe, dass das mit dem hoffnungslosen Fall möglicherweise ein bisschen übertrieben war, war mein erster Impuls, doch wieder einen Zettel aufzuhängen. Doch dann kam die überraschende Erkenntnis: Der Satz hatte irgendwie seinen Platz in mir gefunden. Und das zu bemerken, war ein glücklicher Moment.

1 Hesse, Hermann: Siddhartha: Eine indische Dichtung, eBook Suhrkamp, Verlag Berlin 2011, S. 131

Tobias Wolfgang ist 44 Jahre als und lebt in Würzburg. Er qualifizierte sich 2016 für einen der begehrten Stipendiumsplätze der CELLER SCHULE, der Masterclass für Songtexter der GEMA-Stiftung. Seitdem schreibt er Songtexte für Pop und Schlager und konnte sich 2018 erstmals als Autor in den Top 10 der Deutschen Charts platzieren. Im Dezember 2018 wurde sein erstes Musical in Würzburg uraufgeführt, eine Bearbeitung von E.T.A. Hoffmanns Nachtmärchen „Der Sandmann". Tobias hat das Musical LIFT von Ian Watson und Craig Adams ins Deutsche übertragen sowie Songs von Kerrigan/Lowdermilk, Drew Gasparini und Alexander Sage Oyen übersetzt.

Weihnachten auch im Sommer

„Wie lange haben Sie vor, zu bleiben?", fragte der Portier an der Rezeption des heruntergekommenen Hotels.

Barbara Hagen lächelte: „Wenn ich das wüsste. Ich möchte mir hier eine Wohnung suchen und hoffe, dass ich bald etwas Geeignetes finden werde."

„Na, dann viel Spaß beim Suchen. Wohnungen sind knapp hier. Da brauchen Sie eine tüchtige Portion Glück. Ich kenne Leute, die suchen schon ein halbes Jahr", sagte der Portier.

Barbara nahm ihren schweren Lederkoffer und ging zum Aufzug.

„Der Aufzug ist kaputt", schrie der Portier durch die Halle.

Barbara seufzte und schleppte den Koffer über die Steintreppe zum ersten Stock, Zimmer 123. Das war wenigstens leicht zu merken, was aber der einzige Vorteil an dieser üblen Absteige war.

Sie schaute aus dem Fenster auf eine der lautesten Straßen der Stadt. Wenn ein Lastwagen durch die Straße donnerte, bebte das Hotel und die Fensterscheiben klirrten. Aber das Hotel war zentral gelegen und der Preis für das Zimmerchen gering.

Ihre Berufsausbildung hatte Barbara vor Kurzem beendet und am 1. Januar würde sie ihren ersten Job als Grafik-Designerin in einer Werbeagentur antreten. Sie freute sich darauf.

Besorgte Freunde hatten sie vor dieser Agentur gewarnt. Es war in der Branche bekannt, dass hier Samstag- und Sonntagsarbeit an der Tagesordnung war, und vor 22 Uhr würde sie wohl nie den Griffel aus der Hand legen können.

„Die Überstunden werden bei uns nicht bezahlt, das ist mit dem Gehalt schon abgegolten", sagte ihr Herr Andersch, der Geschäftsführer.

Aber als Berufsanfängerin wollte sie nicht so wählerisch sein. Barbara war froh, dass sie überhaupt untergekommen war. Und die fremde Stadt war ihr ganz angenehm. Sie freute sich, dass sie sich endlich vom Elternhaus abgenabelt hatte.

Barbara verfolgte regelmäßig die Immobilienangebote im Internet. Sie hatte bereits ihre ersten schlechten Erfahrungen mit Maklern gesammelt. Eine Wohnung – angeblich in einer ruhigen Lage – hatte sie besonders interessiert. In der Zeitung stand *ruhige Lage*. Als sie die Wohnung besichtigte, war die Lage aber alles andere als ruhig.

Der Makler meinte darauf: „Für diese zentrale Gegend muss man die Lage als ruhig bezeichnen. Außerdem hat die Wohnung Schallschutzfenster. Sie hören lediglich ein leises Rauschen, und ein bisschen Leben wollen Sie doch auch."

Entrüstet fragte Barbara ihn: „Würden Sie diese Wohnung nehmen? Wahrscheinlich wohnen Sie in einem Haus im Grünen."

Eine andere Wohnung, die ihr gefiel, lag im ersten Stock. Im Erdgeschoss war eine Kneipe.

Der Makler sagte: „Dieser solide Altbau in Ziegelbauweise hat noch dicke Mauern. Von der Kneipe hört man keinen Lärm – oder hören Sie etwas?"

Barbara hörte tatsächlich nichts, doch als sie Stunden später die Kneipe besuchte, erzählte ihr ein Stammgast, der neben ihr an der Bar saß, dass der Makler dem Wirt ein kräftiges Trinkgeld gezahlt habe, damit er zwischen 17 und 19 Uhr, in der Zeit der Wohnungsbesichtigungen, die Musik ausschalte. Nun hämmerten die Bässe der Musikanlage wieder. Also wieder nichts.

Barbara besichtigte über vierzig Wohnungen, bis es endlich klappte. Sie unterschrieb drei Wochen vor Weihnachten den Mietvertrag und konnte die schön geschnittene Zweizimmerwohnung mit einem kleinen, aber feinen Balkon sofort beziehen.

Da ihr neue Möbel zu teuer waren, besuchte sie regelmäßig Flohmärkte und Trödler. Als Erstes erstand sie einen alten, verstaubten Kronleuchter. Sie montierte den Lüster und reinigte die stumpf gewordenen Kristallgehänge. Abends saß sie auf ihrem Schlafsack, hörte Musik und betrachtete ihren funkelnden und in vielen Farben glänzenden Kronleuchter. Da brauchte sie gar keinen Weihnachtsbaum. Der Kronleuchter war um Welten schöner und außerdem nadelte er nicht.

Ein umgedrehter Karton diente ihr als provisorischer Tisch. Stühle hatte sie noch keine. Barbara wollte sich nicht stressen lassen und kaufte nach und nach ein gebrauchtes Stück nach dem anderen.

Jahre sind mittlerweile vergangen. Längst hat sie die Ausbeuteragentur verlassen und arbeitet jetzt als Zeitschriftenlayouterin in einem Verlag.

Die Wohnung ist schon lange komplett eingerichtet – es würde gar nichts mehr hineinpassen.

Wie lange sie noch in der Wohnung bleibt, weiß sie nicht. An den alten Möbeln hängt sie nicht besonders. Sie könnte sich von allen Stücken sofort trennen – nur von einem nicht: Ihrem heiß geliebten Kronleuchter, der sie auch im Sommer an Weihnachten erinnert.

Hermann Bauer, geboren 1951, lebt in seiner Geburtsstadt München. Seit 1988 Veröffentlichungen von Kurzgeschichten, Reisereportagen, Märchen und Lyrik in Büchern, Anthologien, Zeitschriften, Zeitungen und Kalendern in Deutschland, Österreich, der Schweiz, Frankreich und als Übersetzung in Vietnam. Seit 2014 schreibt er auch Theaterstücke. Tritt gelegentlich auch als Kabarettist und Gospelsänger auf. www.shen-bauer.de.

auch Glück

Scheitern lässt's sich auch mit Chic
So behältst Du die Schönheit im Blick
Manch Schicksal schreckt davor zurück
Nenn's auch Glück

Ingeborg Henrichs, zuhause in Ostwestfalen, verfasst kürzere Texte, gelegentlich bildnerische Arbeiten. Einige Veröffentlichungen

Das Glück des Augenblicks

Ich habe mich schon oft in meinem Leben gefragt, ob ich glücklich bin. Und was Glück überhaupt bedeutet. Bin ich glücklich, wenn ich den ganzen Tag über mit einem Lächeln im Gesicht durch die Gegend laufe? Ist das der ultimative Ausdruck für Glück?

Ich glaube nicht, jedenfalls nicht bei mir. Ich muss nicht den ganzen Tag über lächeln, um glücklich zu sein. Meine schönsten Glücksmomente habe ich unter Tränen erlebt, ohne ein Lächeln auf den Lippen, aber mit einem tiefen Lächeln meiner Seele.

Und ja, ich bin auch nicht immer glücklich. Es gibt Momente, da bin ich traurig. Uns solche, da bin ich nur gelangweilt. Verzweifelt. Enttäuscht. Gefühlsregungen, die zum Leben dazugehören, die das Leben eines jeden Menschen ausmachen.

Wäre ich in meinem Leben immer nur glücklich gewesen, hätte ich die wirklich schönsten Momente meines Lebens vielleicht sogar verpasst. Denn aus meiner tiefsten Verzweiflung heraus gebar sich schließlich – wenn auch erst einige Jahre später – mein allergrößtes Glück. Ein Glück, das ich mit Händen greifen kann, mein Glück, das mich immer wieder zu Tränen des Glücks bringt.

Die wertvollsten Momente in meinem Leben sind die kleinen Augenblicke des Glücks:

Am Morgen, wenn ich bei einer Tasse auf der Terrasse sitze, in meinen kunterbunten Wildgarten blicke, dort langsam das Leben erwacht und ich dem Summen und Brummen der Insekten lauschen kann. Dann, wenn alle um mich herum noch schlafen.

Es ist die Fahrt mit dem Motorrad an der Seite meines Mannes in den aufgehenden Morgen hinein. In solchen Momenten kann ich all meine Sorgen vergessen und bin tief in mir glücklich.

Es ist der Abend bei einem guten Essen, das mich glücklich macht, oder die Nacht im Freien im Sommer, wenn alle anderen in ihren Betten schlafen und ich mein Feldbett auf der Terrasse beziehe. Wenn ich unter dem

Schein des Mondes und dem Funkeln der Sterne einschlafen kann und mich fühle wie ein junges Mädchen.

Im Laufe meines Lebens habe ich gelernt, dass es gerade diese kleinen Augenblicke sind, die mein Leben ungemein bereichern ... und die mich sagen lassen: Ja, ich bin glücklich.

Nanja Holland ist ein Kind der Sechzigerjahre und arbeitet als freie Journalistin.

Herzlichen Glückwunsch

Es scheint so zu sein, dass Geburtstagskarten oftmals alle gleich formuliert sind.

Wie oft erhielten wir schon Schreiben, die mit *Herzlichen Glückwunsch* beginnen? Und wie oft verwendeten wir selbst diese Worte *Herzlichen Glückwunsch*? Erhielten wir das Schreiben, freuten wir uns, weil wir feststellen konnten, dass andere an uns denken und uns das Beste wünschten. Und im anderen Fall, wenn wir also die Absender waren, hofften wir, dass den Adressaten unsere Anteilnahme an seinem Leben erfreute. Diese Aussage *Herzlichen Glückwunsch* wird bei einer bestandenen Prüfung ebenso verwendet wie zum Geburtstag einer Person oder dem Bestandsjubiläum eines Geschäfts. Aber was will der Absender mit diesem Glückwunsch ausdrücken?

Das Wort *Glückwunsch* setzt sich aus den Worten *Glück* und *Wunsch* zusammen. Glück benötigt man immer dann, wenn eine Aktion ansteht, die mindestens zwei sogenannte Entscheidungsausgänge hat. Entweder positiv oder negativ für den Prüfling. Das kann vielleicht bei einer Abschlussprüfung in der Ausbildung oder bei der Fahrschulprüfung sein. Immer dann, wenn das Bestehen nicht nur vom eigenen Wissen und Können abhängt, sondern auch von der Gunst des Prüfenden und somit Entscheidenden.
Der Wunsch nach dem entscheidenden Quäntchen Glück ist berechtigt. Allerdings müsste der *herzliche Glückwunsch* vor der Prüfung stattfinden und nicht erst nach dem Bestehen derselben. Denn schon zum Zeitpunkt der Prüfung und Entscheidung benötigt der Prüfling gegebenenfalls das alles entscheidende Glück.

Und beim Geburtstags-Glückwunsch? Der *herzliche Glückwunsch* hat in diesem Zusammenhang eine andere Bedeutung. Das Geburtstagskind hat zu seiner eigenen Geburt nichts selbst beigetragen. Es konnte weder seine Zeugung fordern oder verhindern. Im Anschluss an dieses wunderbare

Ereignis des Wachsens im Mutterleib und der Geburt haben zunächst – in der überwiegenden Anzahl der Fälle – die Erziehungsberechtigten die meisten Anstrengungen unternommen, eine gute Erziehung zu gewährleisten. Das Kind wurde älter und erwachsener. Irgendwann musste es selbst für sich sorgen. Es lernte Freunde kennen, machte Bekanntschaft mit anderen Menschen. Diese Freunde und anderen Menschen wünschen dem Empfänger zum Geburtstag *Glück* im neuen Lebensjahr, Glück, dass der Empfänger gesund bleibt oder wird und dass er alle sich ihm eventuell in den Weg stellenden Schwierigkeiten vermeiden oder erfolgreich bestehen kann. Ist in diesem Zusammenhang der *herzliche Glückwunsch* – mal ganz ketzerisch gesagt – nicht sehr eigennützig vom Glück-Wünschenden? Es kann doch sein, dass man dem Jubilar alles Gute und beste Gesundheit und Wohlergehen wünscht, weil man dann mit ihm weniger Arbeit hat. Man entgeht bei Erfüllung des Wunsches dem Aufwand, den Kranken zu pflegen, sich um ihn seelisch zu kümmern, ihn zu trösten, ihm bei notwendigen Verrichtungen behilflich zu sein. Oder? Oder nehmen wir finanzielle Engpässe, die wir vielleicht mildern oder gar beheben können. Die Reihe der im Laufe eines Lebensjahres eintretenden möglichen Notlagen könnte beliebig lang fortgesetzt werden.

Wäre es nicht angebrachter, zum Geburtstag Schreiben zu versenden, in denen das Wort *Danke* verwendet wird? Danke sagen für das letzte Lebensjahr des Jubilars. Danke für die Möglichkeit, an seinem Leben teilnehmen zu dürfen, in frohen wie in trüben Stunden. Und das gilt auch für die Anteilnahme des Jubilars an meinem Leben. Denn wie oft hatte sich das Geburtstagskind im vergangenen Lebensjahr um mich mit meinem Freud und Leid gekümmert. Vielleicht hatte er mich besucht oder angerufen oder ganz fest an mich gedacht. Danke sagen für das entgegengebrachte Vertrauen oder die entgegenbrachte Zuneigung. Egal was es war, gefreut hatte mich das jedes Mal.

Wenn wir das Wort *Danke* als Hauptaussage auf unserer Geburtstagspost verwenden und es dann wie soeben beschrieben begründen, dann klingt das doch ehrlicher und aussagekräftiger als ein hundertmal verwendetes *Herzlichen Glückwunsch*. Wenn wir im Anschluss an das *Danke* den Wunsch hinzufügen, dass es im neuen Lebensjahr auch so sein möge und dass man sich selbst weiterhin um das Wohl des Geburtstagskinds bemüht und kümmert, dann ist die Geburtstagspost viel, viel aussagekräftiger und schöner für den Jubilar als eine Karte, auf der – wie leider viel zu oft – nur steht:

Herzlichen Glückwunsch zum Geburtstag wünscht Deine Tante ...

Einfach versuchen! Ich wünsche Ihnen zu diesem Versuch viel Glück und Erfolg!

Charlie Hagist *wurde 1947 in Berlin-Steglitz geboren. Nach Grund- und Oberschule absolvierte er eine Ausbildung zum Bankkaufmann. Während seiner Tätigkeit in der Personalabteilung des Hauses bildete er sich zusätzlich zum Personalfachkaufmann (IHK) weiter. Ehrenamtlich war er als Richter am Amtsgericht Berlin-Tiergarten, am Sozialgericht Berlin und danach am Landessozialgericht Berlin tätig. Charlie Hagist ist verheiratet, hat einen Sohn.*

Sagenhaftes
Alte Sagen neu erzählt - Band 2

2022 haben wir den ersten Band „Sagenhaftes - Alte Sagen neu erzählt" auf den Weg gebracht und waren begeistert von den vielen Sagen und Legenden, die uns aus allen Himmelsrichtungen erreichten. Das alles war Ansporn genug, nun den zweiten Band auf den Weg zu bringen, zumal wir doch bereits im Vorfeld einige sehr positive Reaktionen auf das erste Buch erhalten haben.

Nun also die zweite Ausschreibung, die sich an Autorinnen und Autoren ab 16 Jahren richten. Die Sagen dürfen aus dem In- und Ausland stammen, müssen aber selbstverständlich in eigenen Worten (nach)erzählt sein. Der zweite Band erscheint im November 2023.

Wir sind gespannt auf Ihre Einsendungen.

Einsendeschluss ist der 15. Oktober 2023

Das graue Tuch auf meiner Seele
Depressionen

Meine Seele trägt Trauer. Ich kann nichts dagegen tun. Denke ich. Umhüllte mich früher das bunte Tuch meiner Großmutter, das sie mir um die Schultern legte, wenn ich traurig war, so ist es heute ein graues Tuch, das sich auf meine Seele legt. Doch Wärme – wie in Kindertagen – spendet es mir nicht. Ich friere. Fühle mich innerlich leer. Weiß meinen tiefen Schmerz, für den ich nicht einmal die Ursache kenne, kaum zu beschreiben. Ich bin einsam, fürchte mich. Ich weiß, es muss etwas passieren, doch ich finde nicht die Kraft, dieses graue Tuch abzustreifen. Ein Lied von Reinhard Mey kommt mir in den Sinn. Aber Singen kann ich nicht. Ich schreibe um mein Leben. Um mir selbst Mut zu machen ...

Unser Buch möchte Geschichten und/oder Erlebtes um das Thema Depressionen vereinen. Einfühlsam, manchmal gnadenlos offen, persönlich, literarisch ... auf der Suche nach Hoffnung und einem Weg, das graue Tuch bunt zu färben.

Einsendeschluss ist der 1. August 2023

Eins, zwei, drei
Erziehung ist doch keine Hexerei

Kinder zu erziehen, ist nicht immer eine leichte Sache. Schließlich möchte man für den eigenen Nachwuchs ja nur das Beste. Da ist es doch toll, wenn man den ein oder anderen wohlmeinenden Erziehungstipp erhält.

Immer sinnvoll? Mitnichten!

Immer hilfreich? Ganz bestimmt nicht.

Und wenn man dann noch Nachwuchs hat, der seinen so ganz eigenen Kopf hat, dann muss man als Eltern, Vater, Mutter ... schon mal gute Nerven haben. Wir sind gespannt auf Ihre Geschichten rund um das Thema Kindererziehung. Eingereicht werden können wie immer Erzählungen und Gedichte, humorvolle Berichte, Märchen oder Haikus ... Wir setzen gerne auf Vielfalt bei den Texten. Das Buch soll im Winter 2023 erscheinen.

Einsendeschluss ist der 15. September 2023

– Anzeige –

Redaktions- und Literaturbüro - Pressearbeit seit 1989

Wir helfen Ihnen, Ihr Buchprojekt umzusetzen!

Kompetent und nach Ihren Wünschen

In den zurückliegenden Jahren haben wir für zahlreiche Autor*Innen sowie Institutionen, Schulen und Vereine private Buchprojekte umgesetzt, also Bücher, die nicht für den Buchhandel, sondern ausschließlich für den privaten Vertrieb oder Bedarf produziert wurden.

Wenn Sie Interesse haben, Ihre eigenen Geschichten einmal in einer Monografie zusammen gedruckt zu sehen – als Geschenk, für eine bestimmte Veranstaltung oder aber nur zur eigenen Freude, dann sprechen Sie uns an.

So können wir für Sie ein Taschenbuch mit bis zu 100 Seiten in schwarz-weiß mit einer Auflage ab 30 Exemplaren bearbeiten, layouten und drucken – der Preis pro Buch liegt bei 10,90 Euro (zzgl. Versandkosten). Preise für gebundene Bücher und Bücher mit mehr Seiten oder in Farbe auf Anfrage.

Unsere weiteren Literatur-Dienstleistung:
Lektorat
Buchsatz
E-Book Erstellung
Ghostwriting
Mein Trauerbuch
Biografiearbeit

Schreiben Sie uns!
cat@cat-creativ.at
CAT creativ - www.cat-creativ.at

– Anzeige –

Ferienwohnung Drachennest

Feldkirch / Österreich

Ländlich idyllisch und dennoch stadtnah zentral in Feldkirch-Tosters gelegen, nur einen Steinwurf entfernt von der Schweizer und Liechtensteiner Grenze, finden Sie unsere Ferienwohnung Drachennest, den idealen Rückzugsort vom Alltag. Genießen Sie unsere wunderschöne Ferienregion Vorarlberg in Österreich abseits der Hektik der großen Touristikgebiete.

Brechen Sie zu einmaligen Wanderungen und Radtouren auf – entlang des Rheins zum Bodensee oder entlang der Ill mitten hinein in die Berglandschaft des Ländles. Gut ausgebaute Radwege ermöglichen ein stressfreies Radeln, auch für wenig trainierte Radfahrer, da es auf diesen Wegen nur sehr leichte Steigungen gibt.

Starten Sie die schönsten Motorradtouren in die Alpen direkt vor unserer Haustür. Gerne geben wir Ihnen Tipps für tolle Tagestouren, da wir selbst begeisterte Motorradfahrer sind.

Skifahren? Kein Problem? Erreichen Sie die schönsten Skigebiete Vorarlbergs bequem mit öffentlichen Verkehrsmitteln oder mit Ihrem eigenen Fahrzeug.

Gerne begrüßen wir Sie gemeinsam mit Ihrem Haustier in unserer schönen Ferienwohnung in Feldkirch-Tosters. Und sollten Sie an einem Buch schreiben, so stehen wir Ihnen auf Anfrage gerne hilfreich zur Seite.

Information und Buchung:

www.drachennest.at